ein Ullstein Buch

ÜBER DAS BUCH:

Einfühlsam und amüsant schildert Irmgard Heilmann in ihrem Familienroman die Jahre, die sie von 1923 bis 1925 im Landkreis Zeitz verbracht hat, einer Stadt mit eigentümlicher Grenzlage zwischen Sachsen und Thüringen, die seit 1815 als letzter Ausläufer zum preußischen Freistaat gehörte. Im Mittelpunkt der Geschichte steht die junge Ilse, die mit ihrer Freundin Ulla wichtige, die nächsten Jahre bestimmende Stationen der Lebenserfahrung durchläuft. Kenntnisreich, doch auf diskrete Weise fügt die Autorin markante Ereignisse, wichtige Stationen der Epoche in den Handlungsverlauf ein.
»Irmgard Heilmann findet für ihre Erinnerungen nicht nur eine kindlich natürliche Perspektive, die Personen und Erlebnisse aus unbefangenem Blickwinkel zeigt, sondern auch eine schlichte, anheimelnde Sprache, in der der Dialekt eine nicht unwichtige Rolle spielt. Vergnüglich nicht nur für diejenigen, die aus der thüringisch-sächsischen Gegend stammen. Fotos aus der Familie, von Landschaft und Zeitgenossen, ergänzen das liebenswerte Buch anschaulich.« *(Hamburger Abendblatt)*
»Ilse sächselt sich ins Herz des Lesers ...« *(Die Welt)*

DIE AUTORIN:

Irmgard Heilmann, als Tochter eines Architekten in Zeitz geboren, lebte bis 1953 in Westerland auf Sylt und seit 1953 in Hamburg, wo sie einen eigenen Verlag gründete und leitete. Irmgard Heilmann ist Gründungsmitglied des Bundesverbandes Deutscher Autoren und der Hamburger Autorenvereinigung, Fachbeirätin für Literatur der GEDOK, Hamburg, und Initiatorin des *Hamburger Literaturpreises für Kurzprosa*. Sie schrieb für Rundfunk und Presse und veröffentlichte eine Reihe von Büchern.

Irmgard Heilmann

Aylsdorfer Kirschkuchen

Sächsisch-thüringische
Erinnerungen

ein Ullstein Buch

ein Ullstein Buch
Nr. 22147
im Verlag Ullstein GmbH,
Frankfurt/M – Berlin

Ungekürzte Ausgabe
Mit 22 Fotos

Umschlagentwurf:
Atelier Noth + Hauer
unter Verwendung eines Fotos
aus dem Privatbesitz der Autorin

Taschenbuchausgabe mit Genehmigung
der Albert Langen – Georg Müller Verlag GmbH

Printed in Germany 1989
Druck und Verarbeitung:
Ebner Ulm
ISBN 3 548 22147 5

August 1989

CIP-Titelaufnahme
der Deutschen Bibliothek

Heilmann, Irmgard:
Aylsdorfer Kirschkuchen: sächsisch-thüringische
Erinnerungen. / Irmgard Heilmann.
– Ungekürzte Ausg. –
Frankfurt/M; Berlin: Ullstein, 1989
(Ullstein-Buch; Nr. 22147)
ISBN 3-548-22147-5
NE: GT

Inhalt

Meinem Vater

Das Alter, die Zeit, wo die Erinnerung
an die Stelle der Hoffnung tritt.
Wilhelm Raabe

Personen

Arthur Böhme *Architekt und Bauunternehmer*
Liesbeth Böhme *geb. Burggraf, seine Frau*
Ilse *ihre Tochter*
Fred Böhme *Arthurs Bruder, Zigarrenfabrikant*
Hilde Böhme *seine Frau*
Hedy Böhme *Arthurs Schwester*
Selma Burggraf *Liesbeths Mutter*
Heinrich Burggraf *Student, Liesbeths Bruder*
Ulla *Ilses Freundin*
Personal bei Böhmes:
Marie *Dienstmädchen*
Wolfner *Kutscher*
Herr Stadler *Bautechniker*
Fräulein Ebelt *Stenotypistin*
Witte *Polier*
Elisabeth von Heyking *Schriftstellerin*
Kommerzienrat Naether *Kinderwagenfabrikant*
Ferd Röger *Maler*
und andere

Das Haus

Vorfrühling 1923

Baumeister heißt, wenn ich recht deute
des Wortes tiefen Sinn, ein Mann,
der Häuser baut für andre Leute,
damit er sich eins bauen kann.
Castelli

Das Haus sah an diesem Sonntagmorgen sehr verlassen aus. Der mürrische Vorfrühlingstag ließ die unverhangenen Fenster so trostlos erscheinen. Als sich aber eine kühle Sonne aus der Wolkenwand stahl, begann die mattgelbe Fassade plötzlich zu leben. Ein Sonnenstrahl fingerte über die Stuckverzierung der Fenster mit den Frauenköpfen im Halbrelief.

Das Haus hatte auf einmal viele wache Augen. Und alle schienen auf das Kind zu blicken, das mit den Eltern auf der Straße stand. Tell, der Dobermann, zerrte an der Leine. Warum hatte Vater den Spaziergang durch die sonntagsstille Stadt hier unterbrochen? Ilse sah fragend zu dem Vater auf, der das Haus eingehend musterte.

Mutter zuckte mit den Schultern: »Interessiert dich dieses Haus denn so?«

»O ja, sehr!« sagte Vater.

»Sollst du es umbauen? Es sieht doch eigentlich noch ganz gut aus.«

»Im ersten Stock müßte ein Erker ausgebaut werden. Er würde die etwas langweilige Fassade unterbrechen. Mit Stuckverzierung natürlich. Was meinst du, wie das Haus gewinnen würde!«

»Schon«, sagte Mutter.

Ilse hopste mit einem Fuß im Rinnstein. »Wann gehen wir? Tell möchte weiter.«

»Noch lange nicht!« Vater zog einen großen Schlüssel aus der Tasche und machte ein paar Schritte zu dem großen, eisernen Tor an der Seite. Er steckte den Schlüssel in das Schloß, und quietschend öffnete sich der Flügel.

»Kommt!« sagte er mit einer einladenden Handbewegung.

»Aber wir können doch nicht einfach ein fremdes Grundstück betreten«, protestierte Mutter. »Es sieht so unbewohnt aus. Wem gehört es eigentlich?«

»Uns«, sagte der Vater.

Ilse hielt in ihrem Hüpfspiel inne. Was hatte Vater gesagt? Mutter war ärgerlich. »Ich liebe solche Scherze nicht. Sag mir die Wahrheit: Hast du den Auftrag, es umzubauen?«

»Ja«, nickte der Vater und ging auf die seitliche Haustür zu. Ein paar Stufen führten zu ihr hinauf. Er nahm sie mit Schwung.

»Und von wem?«

»Von mir!«

Jetzt sprangen in Mutters dunkle Augen kleine Zornfunken. Aber ehe sie etwas sagen konnte, drehte Vater sich um, faßte sie um die Schultern und sagte mit gespielter Feierlichkeit: »Gratuliere, Frau Böhme! Wollen Sie nicht Ihr Haus betreten?«

»Du hast doch nicht wirklich . . .« Jetzt erst begann Mutter zu begreifen.

»Doch, ich habe es gekauft, Liesbeth!«

»Aber es muß doch Milliarden gekostet haben!«

»Hat es auch. Aber es war außerordentlich günstig zu bekommen, weil es von Grund auf renoviert werden muß. Und Instandsetzung und Umbau kann ich nach eigenen Plänen ausführen. Es wird unser Wunschhaus werden, was, Ilsekind?«

Ilse hatte es noch immer nicht begriffen. »Ehrlich, Vati: unser Haus?«

»Hand aufs Herz. Und nun kommt herein.«

Er öffnete die schwere Haustür und betrat den dunklen Flur. Tell drängte sich an Ilses Knie. »Laßt die Tür offen, damit wir nicht stolpern, ich glaube, es gibt kein Licht.«

Alles mutete ein wenig unheimlich an: die Dunkelheit, die Kälte, die etwas muffige Luft. Das Haus war so still und leer. Die Schritte hallten im Treppenhaus.

»Aber das Haus ist doch viel zu groß für uns, Arthur!«

»Ich schlage vor, daß mein Bruder Fred mit seiner Familie in die Parterrewohnung einzieht. Wir haben dann die erste Etage für uns, und im Dachgeschoß können wir vielleicht meine Mutter unterbringen.«

»Also die ganze Böhmesche Familie unter einem Dach«, sagte Mutter trocken.

»Fehlt noch Tante Hedy!« erinnerte Ilse an ihre Lieblingstante.

Sie waren inzwischen die Treppe hinaufgestiegen. Vater öffnete die Tür zur Wohnung im ersten Stock.

»Der große Raum hier neben dem Eingang wird mein Büro. So kann ich im Hause arbeiten. Ist das nicht großartig, Liesbeth?«

»Sehr praktisch. Für dich und für uns alle. Wir sparen Zeit und Geld. Keine Miete mehr für das Büro. Und du kannst dich noch vergrößern, wenn du willst.« Mutter dachte immer nüchtern und sachlich. »Außerdem hast du die Leute im Griff.«

Vater hatte nach dem Krieg als junger Architekt angefangen, sich früh selbständig gemacht und ein Baugeschäft gegründet. Der Anfang war schwierig gewesen, aber dann war es bergauf gegangen. Die Inflation, die jetzt im Frühling 1923 auf ihrem Höhepunkt angelangt war, zwang viele Familien, ihre Sachwerte zu verkaufen.

Vater hatte gerade mehrere günstige Aufträge abgewickelt und sofort zugegriffen, als ihm das Haus in der Schützenstraße angeboten wurde.

»Man muß die Scheine sofort in feste Werte umsetzen, und das habe ich getan.«

»Das hast du richtig gemacht.« Jetzt war Mutter auch von dem Kauf überzeugt. Sicher und selbstbewußt schritt sie durch die leeren Räume.

»Bekomme ich auch ein eigenes Zimmer, Vati?«

»Natürlich, Ilse, und zwar ein sehr schönes. Was meinst du zu diesem?« Er öffnete eine Tür, die von dem großen Wohnflur abging.

Oh, war das geräumig. Ganz anders als das Kinderzimmer in der Mietwohnung, aus dem Ilse langsam herauswuchs. Da hatten alle Spielsachen Platz.

Ilse lief zu dem großen Fenster. »Ich kann ja auf den Hof gucken. Ist das unsrer? Und der Garten da hinten?«

»Gehört uns auch!«

Ein Garten! Ilse konnte es nicht glauben. Jetzt hatten sie auch einen Garten. Mit Obstbäumen und Büschen. Wie in Aylsdorf. Während die Eltern mit den Plänen, die Vater aus der Tasche zog, von Raum zu Raum gingen – »Das wird das Speisezimmer, da kommt eine Schiebetüre hin, in die Küche muß ein neuer Herd, Arthur!« –, lief Ilse mit Tell auf den Hof.

Der Hund rannte voraus, schnupperte herum, stemmte seine Pfoten in die Erde und hob dann das Bein an einen Birnbaum. Er hatte bereits von dem Grundstück Besitz ergriffen.

Es war ein großes Areal, und überall gab es etwas zu entdecken. Im Hof war eine Waschküche, dann kam der Pferdestall und eine Remise.

»Da kommt die Kutsche hin, Ilse«, sagte Vater, der mit Mutter nachgekommen war. Gemeinsam gingen sie in den Garten. Er war verwildert und erweckte einen etwas verwunschenen Eindruck.

»Da muß noch viel getan werden.« Vater riß ein paar Efeuzweige von der Mauer, die vom Nachbargrundstück herüberwucherten.

Es war eigenartig, aber erst in diesem Augenblick, durch diese Handbewegung des Vaters, wurde es Ilse richtig bewußt: Das alles ist unser!

»Wir werden einen neuen Rasen anlegen müssen«, überlegte Mutter.

»Dort, neben den Pflaumenbaum, kommt ein Fliederbusch, den können wir uns aus Aylsdorf holen, den vollen, weißen. Im Fliederbaum wohnt der gute Geist des Hauses, sagt Tante Pauline, und er schützt vor Feuer.«

Vater lachte: »Tante Pauline und ihr Aberglaube. Und du, Ilse, was hast du für Vorschläge?«

Er ergriff die langen Blondzöpfe seiner Tochter am Hinterkopf und schüttelte sie.

Ilse stockte der Atem: Sie sollte einen Vorschlag machen? »Eine Laube«, sagte sie, »ja, eine Laube!«

Die Eltern sahen sich an: keine schlechte Idee.

»Da kann ich mit Ulla und Tante Hildchens Kindern spielen und im Sommer Schularbeiten machen. Die Laube wird mein Lieblingsplatz.« Das stand für sie jetzt schon fest.

Und für die Freundin sicher auch.

Was Ulla wohl sagen würde! Gleich am Nachmittag wollte sie zu der Freundin laufen und ihr alles berichten.

Es dauerte nicht lange, da kamen die Maurer, vom Polier Witte dirigiert. Und im Garten wurde die Laube gezimmert. Das Büro wurde als erster Raum fertiggestellt. Dort zogen der junge Wiener Techniker Stadler und Fräulein Ebelt, die Stenotypistin, ein, während die Handwerker noch in den anderen Räumen arbeiteten.

»Hoffentlich bleibt der Österreicher«, meinte Mutter zweifelnd. »Ausländer haben jetzt, wie es scheint, wenig Ausdauer.« Sie spielte auf Anna an.

Das Hausmädchen aus Zürich hatte vor wenigen Wochen gekündigt.

»Gefällt es dir nicht?« wurde sie gefragt.

»Doch, aber ich will nach Haus', will mit dem Mütterli auf'm Bänkli sitzen.«

Mit dem Stadler war das etwas ganz anderes. Vater war sich da ganz sicher. »Den plagt kein Heimweh.«

Ob ich Heimweh hätte? überlegte Ilse.

Was ist überhaupt Heimweh?

Sie sah Stadler an. Er lachte, schob die Grundrißzeichnungen zur Seite und malte ein Bild: zwei kleine Mädchen mit Schulranzen.

»Wer ist das: die lange Bohnenstange mit den Zöpfen?«

»Das bist du.«

»Und die Kleine da mit der Sportsfigur?«

»Das ist Ulla.«

Ilse war sehr stolz auf das Bild. Sie hängte es gleich an die Wand in ihrem Zimmer, als die Familie einzog.

Ulla war dabei. Sie begutachtete alles sehr genau: die Spielsachen, den Bauernschrank und die Tapete mit den Blümchen. »Hab' ich selbst ausgesucht«, sagte Ilse stolz. Die Freundin bewunderte sie neidlos.

Dann faßten sie sich an den Händen, tanzten über den Flur und sangen:

»Was ha'm wir für ein schönes Haus, da gehn wir niemals wieder raus!«

Dabei stießen sie beinahe Marie um, die mit einem Tablett aus der Küche kam. Die schüttelte mißlaunig den Kopf: »Na, ich wees nich, von wächen. Irchendwas gefälld mer nich.«

»Wieso?« Die Kinder hielten inne und blickten das neue Hausmädchen fast erschrocken an.

»Na, de Leide sachen, das Haus schbuggd alle Bewohner gleich widder aus. Erschd war's e Richder, der hier wohnde. Der schdarb gleich nach een Jahr, un dann hat's ner reichen Witwe geheerd. Ihre zwee Jungs sin im Kriech gebliem. Da hat se's widder verkooft. Un dei Vader hat's von enner Koofmannsfamilche, die war'n ooch bloß zwee Jahre drinne, da hat sich der Mann umgebrachd, sachen de Leide, weil seine Frau . . .«

»Was reden Sie da für einen Blödsinn!« fuhr Vater dazwischen. Er hatte, aus dem Büro kommend, den letzten Satz gehört. Marie lief mit rotem Kopf in die Küche.

Ilse hatte den Vater noch nie so wütend gesehen.

»Laßt euch nicht irre machen von dem dummen Gewäsch, das stimmt alles nicht«, sagte er und versuchte, seinen Worten einen beruhigenden Ton zu geben.

Die Kinder liefen in den Garten und spielten in der neuen Laube. Sie hatten es schon vergessen.

Vater brannte darauf, das Haus seinen Freunden zeigen zu können. Mutter natürlich auch: Man war ja wer in der Zeitzer Gesellschaft. Aber dann kamen ihr doch Bedenken. Es fehlte noch so viel in den großen Räumen.

»Die Atmosphäre ist noch nicht da«, sagte sie.

Vater fand sie für seine Zwecke genügend. So wurde der Einstand mit einer Herrengesellschaft gefeiert. Marie bereitete große Platten mit belegten Broten. Sie kostete von jeder Wurst. »Sollst ma sähn, Ilse, wenn mir erst schlachdn dun!«

Vater ging in den Keller, in dem schon ein Weinvorrat lagerte, und suchte ein paar Flaschen aus.

Die Gäste wurden im Herrenzimmer begrüßt, in dem schon die

schweren braunen Clubmöbel aus Leder standen. Mit dem runden Eichentisch, auf dem der Kasten mit Onkel Freds besten Zigarren stand, und mit dem großen Bücherschrank sah es sehr vornehm aus. Meyers Konversationslexikon von 1914 leuchtete in Weinrot und Gold hinter Glas.

Die Gäste kamen: Vaters Freunde von der ›Harmonie‹, dem Zeitzer Club gutgestellter Geschäftsleute und Unternehmer, Onkel Fred, Thomschke, der Prokurist von der Zuckerfabrik, und Lewerenz, Inhaber des größten Kaufhauses von Zeitz. Vater zeigte ihnen nach dem Begrüßungstrunk das Haus. Die Gäste interessierte vor allem das Büro. »Ausgezeichnet, daß du jetzt alles unter einem Dach hast, mein lieber Arthur«, sagte der Prokurist und klopfte Vater auf die Schulter. Der wurde von allen gelobt: Der Umbau ist glänzend gelungen.

»Die beste Visitenkarte für dich und deine Arbeit, Arthur!«

Man sah es Vater an, wie er sich freute. »Na, dann Prost, meine Lieben!«

Das Echo kam vielfältig.

»Marie, die Platten!« ordnete Mutter an. Sie war nur zur Begrüßung erschienen und hatte sich dann zurückgezogen. Die Türen standen offen. Man konnte in der ganzen Wohnung hören, worüber sich die Gäste unterhielten. Natürlich über Geld und Politik.

»49 000 Mark muß ich für den Dollar zahlen«, beschwerte sich Lewerenz. »Man sagt, der erreicht noch Millionen.«

»Überall Streiks, Unruhen und Plünderungen. Die Kommunisten überholen uns von links.«

»Zum Glück regieren ja die Bürgerlichen allein im Kabinett.«

»Wir können froh sein, daß wir nicht im Ruhrgebiet wohnen. Wenn bei uns die Franzosen und Belgier einmarschiert wären . . .«

»Stresemann müßte ran!« Das war Vater. »Der kann mit dem Franzmann.«

»Der? Nee – Stresemann – verwese man!« rief Lewerenz. Aus dem Stimmengewirr fiel ein Name: Hitler.

»Wer ist denn das?« fragte Fred.

Jemand sagte: »Mein Schwager hat ihn in München kennengelernt. Seine Reden sollen eine geradezu hypnotische Wirkung haben.«

»Sicher so eine Eintagsfliege wie der Muck-Lamberty!«

»Wer ist das? Nie gehört!« fragte Herr Thomschke.

»Ach, laßt doch die Politik!« Lewerenz hob sein Schnapsglas. »Prost, Freunde!« Und er erzählte einen Witz, über den er selber am meisten lachte.

»Marie, jetzt die Käseplatte!« sagte Mutter.

Das Stimmengewirr wurde merklich gedämpfter, als Marie im Türrahmen erschien.

»Möchde eener Gaffee?« fragte Marie.

Als sie wiederkam, sagte sie: »Nu red'n se vom Muck-Lamberty.« Sie kicherte. »Der Herr Domschge kennd'n nich. Un ich ooch nich. Awer mit Bolidik hat der doch nischt ze dun, gloob' ich nich.«

Mutter schwieg und schritt aufrecht in das Herrenzimmer. Wenig später gingen die ersten Gäste.

Das Wort ›Inflation‹ hing täglich in Ilses Ohr.

»Lauf rüber zum Bäcker Klebe und hol sechs Brötchen«, sagte Mutter zu Ilse am Samstagmorgen. Sie saßen im neuen Erker. Durch die Seitenfenster konnte man die ganze Straße bis zum Schützenplatz überblicken. Ein toller Ausguck: Im August gab es da das Zeitzer Vogelschießen mit Karussells, Schichtls Marionettentheater und Umzüge mit flotter Marschmusik. Ilse freute sich schon darauf.

»Was kosten sie heute?« Vater sah von der Zeitung auf. »Augenblick, Liesbeth, wie steht der Dollar. Hier: 760 000 Mark.« Mutter seufzte und gab Ilse ein Bündel Scheine.

Als sie mit den Brötchen zurückkam, knurrte Vater: »Die werden auch immer kleiner. Und dafür das viele Geld. Solche Bäcker wurden früher an den Pranger gestellt oder an den Bäckergalgen gehängt, ein Messer und eine Semmel in der Hand.«

Vater ging nach dem Frühstück gleich in sein Büro. Ilse folgte ihm schnell.

»Mußt du nicht zur Schule?« rief Mutter.

»Hab' noch Zeit!« Heute war Lohntag, das war viel interessanter. Maurer, Polier, Lehrlinge und Vorarbeiter ließen sich von Fräulein Ebelt ihren Wochenlohn auszahlen.

Die Ebelt, wie sie allgemein genannt wurde, war blond, flott und keß. Sie kannte die Männer und hatte für jeden einen Spruch bereit.

»Walter«, ermahnte sie einen vierschrötigen Vorarbeiter, »verdringen Se nich gleich widder alles. Ihre Frau brauchd ja ooch ma was Neies zum Ausgeh'n.«

Der grinste: »Meine Olle brauchd nischt. Awer mit Ihn'n mecht'ch schon mol e baar Schnäbse zisch'n, wees Knebbchen, das däd mer gefall'n.«

»Nee, nee, mei Gudster, da wird nischt draus«, lachte die Ebelt. »Hier ham Se Ihre Milljonen, un nu wer'n Se nich iewermietsch.«

Walter stierte auf das Geld: »So e Berch Babier un doch nischt wert. Die Inflatschon macht ee'n noch varrickt im Kobbe.«

Ein junger blonder Maurer schob sich heran.

»Wie heest'n Ihr Kleener?« fragte ihn die Ebelt. »Ihre Frau hat doch'n Jung'n gekrichd, stimmt's?«

»Carsten«, sagte der Mann stolz.

»Gorsden? Gomischer Name. Gennt keener.«

»Ich muß doch wohl nach Husum zurück, damit der Name meines Jungen nicht verhunzt wird«, schüttelte der Nordfriese den Kopf.

»Hättst'n Heini nennen soll'n«, lachten die Männer.

Der Fehltritt

Frühling 1923

Armer Gigolo, schöner Gigolo,
denkst du noch der alten Zeiten ...

Der schöne Fred war mit seiner jungen Frau und zwei Kindern eingezogen. Sie bewohnten das Parterre, wie Mutter gesagt hatte. Näher hatte sie sich dazu nicht geäußert, aber ihrem Gesichtsausdruck merkte man an, daß ihr diese Familienzusammenführung gar nicht recht war.

Fred war Vaters jüngster Bruder und das genaue Gegenteil von ihm. Er konnte verblüffende Kartenkunststücke und allerlei Zaubereien, mit denen er in der Gesellschaft Furore machte. »Brotlose Kunst«, sagte Mutter verächtlich. Und fügte hinzu: »Geschäftlich ist er auch eine Niete.«

Vater hatte dem schönen Fred den saalartigen Raum mit dem separaten Eingang vom Innenhof für seine Zigarrenfabrikation überlassen. In Zeitz hatte die Zigarrenherstellung Tradition, weil die aus Frankreich geflüchteten Hugenotten den Tabakanbau eingeführt hatten.

Ilse liebte es, den Frauen im Saal bei der Zigarrenherstellung zuzusehen. Schon den Geruch mochte sie, der das ganze Haus durchdrang. Die Frauen waren flink und freundlich. Sie zeigten Ilse, wie die Tabakblätter eingeweicht wurden, damit sie nicht brachen. Das Deckblatt wurde aus den größten, foliendünnen Blättern geschnitten mit einem Messer mit gebogener Schneide, dann wurde das Umblatt abgerissen. Zur Einlage nahmen die Frauen die Abfälle vom Deckblattschneiden und andere kleine, entrippte Blätter. Sie formten den Wickel so schnell, daß Ilse ihnen kaum folgen konnte, rollten ihn und schnitten einen kleinen Streifen ab. Das Ganze wurde dann mit etwas Mehlpappe befestigt: die Zigarre war fertig. Sie mußte nur noch mit einem Messer abgeschnitten, getrocknet und verpackt werden.

»Darf ich auch mal?« fragte sie die Siebern, eine rundliche Frau mit einem gutmütigen Gesicht. Die nickte und schob Ilse die Tabakblätter hin. Eifrig bemühte sich das Kind, den Wickel zu formen, aber alles fiel auseinander. Die Frauen lachten: »Wirst schon lernen, Kleene. Awer brauchste nich!« Ihre Zungen waren so flink wie ihre Hände.

»Mei Oller gestern, na ich sache euch, wie der mich ...«

»Pscht, stille, nich vor der Kleenen«, hieß es dann.

Wenn sie nicht tratschten, sangen sie. »Was macht der Mayer am Himalaya?« Das war ein Schlager, der Ilse besonders gefiel, weil der Mayer im heißen Sand Eier kochte. Und: »Wer hat denn den Käse zum Bahnhof gerollt?« Bei dem Schlager: »Heut' ist die Käte so etepetete . . .« lachten die Frauen besonders und wiesen zum Haus hin. »Die aber nich . . .«

Ilse ahnte, wen die Frauen meinten: Tante Hildchen, des schönen Fred noch schönere Frau. Wenn die Eltern auf Tante Hildchen zu sprechen kamen, pflegte Mutter mit den Achseln zu zucken. »Ob diese Tochter einer Hutmacherin aus Gera die richtige Frau für den Bruder Leichtfuß ist, na, ich weiß nicht. In ihrem hübschen Kopf hat sie nichts drin, und außer ihren Redensarten, mit denen sie kokettiert« – und Mutter legte den Kopf zur Seite und flüsterte: »Allabonnör! – weiß sie ja weiter nichts zur Unterhaltung beizutragen.«

»Aber Charleston tanzen kann sie«, lachte Vater. Ja, das konnte sie. Oft hatte sie es Ilse vorgeführt. Wie sie die Beine nach außen warf, einfach toll!

Ilse liebte die junge Tante fast abgöttisch. Zu Ilses neuntem Geburtstag hatte sie ihr eine weinrote Seidenschleife geschenkt mit großen blauen Punkten. Der allerneueste Chic. »Warum trägst du die Schleife nicht?« fragte Hildchen einige Tage später das Kind.

»Ach, in der Schule ham sie mich damit ausgelacht. Die mit den Tintenklecksen, ham sie gesacht.«

»Na, auch ganz praktisch«, lachte Hildchen.

Als Ilse aus dem Saal zum Haus zurückging, zögerte sie: Ob Tante Hildchen zu Hause war? Schon an der Wohnungstür hörte sie Kläuschen weinen. Onkel Fred und Tante Hildchen hatten zwei Kinder. Robert, der blondgelockte Engel, drei Jahre alt, war der Verzug der Familie. Er durfte schon einmal in der Kutsche mitfahren, in das Elstertal und in den Zeitzer Forst mit seinen stillen Waldwegen und Schluchten.

Der zweijährige Klaus blieb fast immer in der Obhut des Hausmädchens. Auch heute hatte ihn Anni auf dem Arm. Durch die offene Schlafzimmertür erblickte Ilse die junge Frau, die an ihrem Ankleidetisch vor dem großen Spiegel saß. Vor sich einen Kasten mit der Aufschrift ›Reichart's Puder, Schminken, Parfümerien‹, in dem sie eifrig hantierte.

Wie entzückend sie aussah mit den großen braunen Augen und den dunklen Wimpern! Das Kleid aus gelbem Lindener Samt war hauteng geschnitten und bedeckte kaum das Knie.

»Willst du ausgehen, Tante Hilde?«

Sie nickte, während sie sich die Lippen kirschrot schminkte. »Willst du mitkommen, Ilse?«

»Ich, wohin?«

»Ins ›Eldorado‹, wohin denn sonst!«

Ilse überlegte fieberhaft. Das war doch das bekannte ›Etablissement‹, in dem elegante Damen und Herren tanzten. Beim Fünfuhrtee. Aber das war doch nichts für Kinder!

Hildchen sprang so heftig auf, daß ihr Kleid sich noch höher schob. »Komm mal mit! Ist doch niemand zu Hause bei euch. Wir sind ja bald wieder zurück. Du kriegst auch Schokolade und Kuchen.«

Das klang verlockend. Ja, warum sollte sie nicht mit Tante Hildchen gehen?

»Du brauchst es ja deinen Eltern nicht zu erzählen«, meinte Tante Hildchen leichthin, als sie in der Wendischen Straße waren. Sie betraten das Tanzcafé, einen schummrigen Raum mit kleinen roten Lämpchen auf den Tischen. Hildchen steuerte zielsicher quer über die Tanzfläche auf einen runden Marmortisch zu, der in einer Ecke stand.

Ilse versuchte eifrig, ihr zu folgen. Aber das Parkett war spiegelglatt, und sie kam sich vor wie auf einer Rutschbahn. Und sie bemerkte auch, daß ihre braunen Schnürschuhe hier vollkommen fehl am Platze waren. Die Damen hatten Pumps mit spitzen Absätzen an – wie konnten die bloß so sicher darauf gehen?

Immerhin: Ilse erreichte den Tisch mit spürbarer Erleichterung, ohne auszurutschen, und zum Glück kam auch gleich der Ober und brachte Schokolade. Tante Hildchen bekam einen Mokka in einer winzig kleinen Tasse gereicht.

Die Tanzkapelle setzte ein, als hätte sie nur auf das Erscheinen von Tante Hildchen gewartet. »Max, du hast das Schieben raus, Schieben raus, Schieben raus . . .« summte Tante Hildchen mit.

Ein eleganter Herr am Nebentisch mit einem Monokel im linken Auge erhob sich und verbeugte sich vor der jungen Frau: »Darf ich bitten, meine Gnädigste?«

Ilse fand es todschick, wie der Herr ihre schöne, schlanke Tante auf der kleinen Fläche, über die Wellen von rötlichem Licht glitten, hin und her schob. So lässig, so leicht, als wäre Tante Hildchen eine Feder.

Fast vergaß Ilse, ihren Mohrenkopf zu essen.

Der Klavierspieler, ein langer dünner Mann mit blassem Gesicht und strähnigem Haar, das ihm fast bis auf die Schultern fiel, blickte immer wieder auf, um Tante Hildchen mit seinen wasserhellen Augen zu verfolgen. Der Geiger war wie mit seinem Instrument verwachsen. Er schien das Publikum überhaupt nicht wahrzunehmen. Der Tangogeiger kam sicher nicht aus Argentinien, wie der Schlager es verhieß, sondern höchstens aus Kötzschenbroda. Schlanke Linien hatte er allerdings auch und dunkle Ränder um die Augen. Wenn er sie aufschlug, konnte er weder Tante Hildchen noch die anderen Erwachsenen im Raum sehen, sondern höchstens die Schwenktür, die zur Küche führte.

Kurze Pause. Tante Hildchen fächelte sich mit der Getränkekarte Luft zu. Kleine Schweißperlen standen ihr auf der Stirn, aber die machten sie höchstens noch reizvoller. »Schmeckt dir die Schokolade, Kind? Ich bestelle dir noch eine. Und für mich einen Cognac, Herr Ober!«

»Sie gestatten doch«, sagte der Herr am Nebentisch und beugte sich zu Tante Hildchen hinüber, »daß ich ihn bezahle?«

Hildchen lächelte vielsagend und huldvoll.

Und nun begann die Kapelle mit anderen Rhythmen. »Charleston!« schrie Hildchen, und ihre Beine begannen zu zucken. Der Herr vom Nebentisch hatte sie sofort im Griff. Wie elektrisiert warfen die Paare ihre Beine nach rechts und links, als hätten sie keine Knie. Ilse, bei der zweiten Tasse Schokolade und dem dritten Mohrenkopf angelangt, wurde es langsam mulmig im Bauch, aber sie konnte den Blick nicht von Tante Hildchen und ihrem Tänzer lassen. Sie bewegten sich auf der Tanzfläche wie Gummipuppen ohne Gelenke. Andere Paare schienen sich dagegen mächtig anzustrengen, sie schwitzten und hatten rote Gesichter, und eine etwas korpulente Dame verlor ihren Absatz: »Hach!« Sie mußte zu ihrem Tisch zurückhumpeln, und alles amüsierte sich und klatschte Beifall. An einem der Tische im schummrigen Hintergrund schien es besonders lustig zuzugehen. Zwei beleibte Herren, deren Glatzen im rotierenden Licht glänzten, bewirteten zwei junge Damen. Der Ober wurde herbeigewinkt und stellte einen Champagnerkübel auf den Tisch, öffnete die Flasche und schenkte ein. Die Mädchen kicherten.

Ilse schaute genauer hin und glaubte ihren Augen nicht zu trauen. Als Tante Hildchen an den Tisch zurückkehrte, platzte sie los: »Du, die mit den schwarzen Locken, das ist ja eine aus unsrer Penne, sie geht in die letzte Klasse, Erika heißt sie, und ihr Vater ist Amtsrichter. Och, wenn ich das in der Schule erzähle . . .«

»Laß das lieber, Ilschen, verdirb ihr nicht den Spaß. Wenn du so groß bist, wirst du es auch nicht mögen, daß dich einer verpetzt. Und dazu hab' ich dich auch nicht mitgenommen. Nur als Alibi, wenn es nötig sein sollte.«

Ilse wollte noch fragen, was ein Alibi war, aber da war Tante Hildchen schon wieder verschwunden. Diesmal tanzte sie eng umschlungen mit dem Monokelfritzen einen englischen Walzer. Ilse wurde es beklommen zumute. Sie kauerte sich in ihren Sessel und beobachtete die Damen und Herren, die flüsterten und lachten – aber ganz anders als Vater und Mutter. Einige Damen balancierten lange Zigarettenspitzen zwischen den Fingern mit den manikürten Nägeln. Sah die schlanke, schmale Frau gegenüber nicht aus wie Asta Nielsen, die Ilse auf den Kinoplakaten gesehen hatte? Mit den dunklen Augen, die von den glatten schwarzen Haaren fast verdeckt waren? Mit dem knallroten Mund, dessen Oberlippe eine tiefe Kerbe hatte? Sie lachte mit rauchiger Stimme ihrem Begleiter zu, der sie schüchtern anhimmelte. Und die Freundin neben ihr sah aus wie ein Mann, im dunklen Herrenanzug mit Krawatte und schwarzen spitzen Lackschuhen. Das kurze Haar klebte wie eine Badehaube an dem langen, schmalen Kopf. Der dicke Herr an ihrer Seite ließ die Zigarre nicht aus dem Mund. Ob die Zigarre aus Onkel Freds Saal war? Der Dicke blinzelte Ilse zu, kniff auch ein Auge zu, aber Ilse schaute weg. Sie war froh, als Tante Hildchen wieder an den Tisch zurückkam, atemlos, mit flatternder Stimme. Ilse entging nicht, daß ihr Tänzer, der Hilde die Hand küßte, der Tante etwas zuflüsterte. Sie lächelte über die schmale Schulter hinweg und ließ die Wimpern spielen.

Ein Tusch! Eine junge eckige Person huschte auf die Tanzfläche; mit dünnem Tanzkleidchen und blassem Gesicht begann sie zu tanzen. Sie schlenkerte mit Armen und Beinen. Ilse fand es umwerfend, aber Tante Hildchen schien die Vorführung gar nicht zu gefallen. Sie hatte es plötzlich eilig und nahm Ilse an die Hand: »Wir müssen gehen.« Zum Glück gab es einen Nebenausgang, gleich neben der Küchentür. Auf dem Nachhauseweg sprach sie kaum ein Wort, sondern summte vor sich hin: »Was machst du mit dem Knie, lieber Hans, beim Tanz . . .«

Vor der Wohnungstür trennten sie sich, und ehe Ilse »Vielen Dank, Tante Hildchen, für die Schokolade und den Mohrenkopf . . .« sagen konnte, war die junge Frau verschwunden. Ilse wollte die Treppe hinaufgehen, da hörte sie hinter der Tür erregte Stimmen. Onkel Fred schrie: »Kümmere dich gefälligst um deinen Sohn, den Fehltritt.« Kläuschen weinte, und Ilse glaubte auch, Tante Hilde schluchzen zu hören.

Nein, die Ohren zu und die Treppe hinauf! Zu Hause war nur Marie. »Wo biste denn so lange gewesen? Haste schon Schularbeiten gemacht?«

»Mutti, was ist ein Fehltritt?« platzte Ilse beim Abendessen heraus. Die Eltern blickten sich sprachlos an. »Was meinst du damit?«

»Das will ich ja von euch wissen. Onkel Fred hat das zu Tante Hildchen gesagt. Ich hab' es auf der Treppe gehört.«

»Man lauscht nicht an anderen Türen«, sagte Mutter.

»Aber die haben doch so laut geschrien, daß man's im ganzen Treppenhaus gehört hat.«

»Geh jetzt in dein Zimmer, Ilse«, sagte Vater. Dann schwiegen die Eltern, bis Ilse die Tür hinter sich zumachte. Aber sie hörte doch noch, wie die Mutter tief Luft holte: »Es ist eine Schande. Wie konnte dein Bruder nur so ein Flittchen zur Frau nehmen.« Und Vaters Stimme: »Du urteilst zu hart, meine Liebe. Alfred hätte allerdings nicht ein solch junges Ding heiraten sollen. Schließlich ist sie noch keine Zwanzig und hat schon zwei Kinder. Im übrigen stammt sie, wie du weißt, aus einem sehr ordentlichen Hause. Ihre Eltern sind angesehene Geschäftsleute in Gera.«

Marie, die abräumen wollte, hatte das auch mitbekommen. »Na, hab' ich mir's doch schon lange gedacht. Gell? Der Junge is'n Gugugsei, bassd ieberhaubt nich in de Familche. E armes Wirschtchen is er. Sitzt den lieben langen Dach in sein'n Stiehlchen un heult, gonnsekwänd, das arme Wurm. Awer ich wees nischd, un ich saach ooch nischd, das geheerd sich nich!« Damit ließ sie Ilse stehen.

Die schlich sich in ihr Zimmer. Irgendwie hatte sie das Gefühl, Tante Hildchen verteidigen zu müssen. Sie war doch nur ein paar Jahre älter als sie selbst.

Vor dem Spiegel versuchte sie, genau wie Tante Hildchen mit den Wimpern zu klimpern. Aber es gelang ihr nicht, ihre Wimpern waren nicht so lang wie die von Tante Hildchen und auch nicht so schwarz.

Als sie es am nächsten Tag in der Schule noch einmal probierte, lachte Ulla: »Sache ma, haste 'ne Flieche in'n Ooche?«

»Tante Hilde macht das auch so, und sie ist die chicste Frau der ganzen Stadt«, verteidigte sich Ilse.

»Na, ich weiß nich«, mischte die spitznasige Edeltraut sich ein, »sie geht mit einem Liebhaber, und meine Mutter sagt, das tut eine verheiratete Frau nich.«

»Ach, der is' doch bloß ein guter Freund, er sieht aus wie ein Graf und hat'n Monokel im Auge.« Sie biß sich auf die Lippen, beinahe hätte sie sich verplappert.

»Pah, ein Jigolo is er«, trumpfte Edeltraut auf.

»Was is'n das?« fragte Gerda neugierig.

Edeltraut zuckte mit den Achseln. So genau wußte sie das auch nicht.

Als die Familie am Nachmittag am Tisch saß, las Vater aus den Zeitzer Neuesten Nachrichten vor:

Auch unsere Stadt scheint sich allmählich, die Hauptstadt nachahmend, in ein Sündenbabel zu verwandeln. Jetzt treten in einem hiesigen Tanzcafé auch Schönheitstänzerinnen auf, die, wenig bekleidet, sich vor den Gästen produzieren. Gestern war solch eine ›Tänzerin‹ hier zu sehen. Was sie vorführte, ungelenk, von magerer Gestalt, war eher mitleiderregend. Plump warf das Mädchen die Beine in die Höhe, dann die Arme, verzog das Gesicht zu einer traurigen Grimasse, fiel dann in sich zusammen, verbeugte sich und ging dann von Tisch zu Tisch, um einen ›Tanzbeitrag‹ zu betteln.

Die Gäste, die sich beim schäumenden Sekt unterhielten, griffen unlustig in die Tasche. Waren froh, als sie wieder selbst das Tanzbein schwingen und einen Shimmy tanzen durften.

Da auch sehr junge Mädchen, ja sogar Schulkinder (!) anwesend waren – was denken sich deren Eltern bei solchen Belustigungen ihrer Kinder? –, erhebt sich die Frage, ob derartige anstößige ›Veranstaltungen‹ nicht gegen die Moral anständiger Bürger verstoßen und vom Magistrat verboten werden sollten.

»Lächerlich!« meinte Vater. »Wie gut, daß wir im Augenblick keine wilden Streiks und Schießereien in unserem Städtchen haben und die Presse auf solche ›Sensationen‹ zurückgreifen muß!«

Ilse fing an zu husten, verzog sich hastig in ihr Zimmer und zog die Tür hinter sich zu. Uff! Das war noch gut abgelaufen. Beinahe hätte sie sich verraten. Das hätte mächtigen Ärger gegeben, besonders für Hildchen, und ein paar Ohrfeigen von der Mutter dazu.

Aylsdorf

Sommer 1923

Was blühet wird veralten, was sprühet wird erkalten,
was handelt wird erlahmen, was wandelt sterben. Amen.
Inschrift über einer Haustür

Ein Sommertag wie aus dem Bilderbuch!

»Wolln wir mal wieder nach Aylsdorf?« fragte Ulla. »Vielleicht gibt es schon Entenküken?«

Aue-Aylsdorf, die Heimat von Ilses Mutter, war eine Art Vorort von Zeitz. Großvater Burggraf war als Gutsbesitzer auch Gemeindevorsteher gewesen. Das war Tradition: Die Burggrafs hatten seit Jahrhunderten die Schultheißen gestellt. Es gab immer etwas zu erleben in Aylsdorf. Nie war es langweilig. Und dann die Tiere: Jagdhunde, Pferde, Kühe, Schweine, Ziegen, Enten und leider auch Gänse. Vor denen hatte Ilse einen höllischen Respekt. Die Gänse wären das einzige Hindernis gewesen, nicht nach Aylsdorf zu gehen. Aber da war ja auch August, der Pferdeknecht, der einem helfen konnte.

Die Kinder liefen los. Hand in Hand den Wendischen Berg hinunter, vorbei an Oehlers Schokoladenfabrik, wo es immer so herrlich duftete. Eine Zeitlang war es Ilses Wunsch gewesen, später, wenn sie erwachsen wäre, Schokoladenarbeiterin zu werden.

Alte Fachwerkhäuser, unverputzt, mit spitzen Giebeln und blanken Fensteraugen, lehnten sich in der Dorfstraße von Aue-Aylsdorf aneinander, als wollten sie sich geschwisterlich stützen.

Die Dorfkirche von Zeitz-Aue war 1000 Jahre alt. Das Gut zog sich von der Aueschen Hauptstraße, die nach Leipzig führte, bis zur Dorfstraße hin, mit dem großen Mietshaus, das den Großeltern gehörte, zum Garten, Scheunentor mit den Gebäuden und Ställen im Hof. Im Gemüsegarten war die Magd Berta gerade beim Pflücken von Erbsenschoten. Durch das hohe Tor liefen die Kinder von der Hauptstraße aus in den Hof – und da kamen schon die Gänse angeflattert mit vorgestreckten Hälsen, die Schnäbel geöffnet, zischend und schnatternd.

»Die gehn uns in die Beine!« schrie Ilse. Aber da ließ August, der gerade die Pferde anschirrte, die Trensen los und scheuchte die Gänseschar zurück. »Die tun euch doch nischt, ihr Angsthasen!« Großmutter stand mit einer Magd in der Küche. Es roch gut nach Milch und warmem Gebäck. »Na, da kommt ihr gerade recht, wir haben Kirschkuchen gebacken. Ilschen, geh mal gleich zum Krämer rüber und hol einen Riegel Blockschokolade.«

Das war mehr, als man sich erträumt hatte. Großmutter Selma kochte die köstlichste Schokolade der Welt. Mit frisch abgeschöpfter Sahne. Und dazu noch ofenwarmen Kirschkuchen!

Von Oma Selma erzählte man sich, daß sie als Neunzehnjährige von einem stürmischen Freier entführt werden sollte. Gerettet hatte sich die so Begehrte, indem sie spontan die Werbung von Großvater Burggraf annahm und ihn bald heiratete. Bereuen mußte Selma Burggraf ihren Entschluß nie, die Ehe wurde sehr glücklich. Später sorgte dann noch einmal ein stürmischer Nachbarssohn für Aufregung, der die dreißig Jahre Ältere mit seinen Anträgen verfolgte und sich so liebestoll benahm, daß das ganze Dorf lachte. »Deibel ooch, der Dong Schuang!« Großvater verhielt sich als besonnener Mann zuerst abwartend, aber als er eines Tages den Jüngling im Hof antraf und sah, wie er seine Frau gerade in die Arme nehmen wollte, platzte ihm der Kragen. Er drohte den feurigen Anbeter zu erschießen, wenn er es wagen sollte, noch einmal seine Schwelle zu betreten.

Der Liebhaber verschwand und ward nicht mehr gesehen. Man erzählte im Dorf, er sei nach Hamburg oder Bremen gegangen und später ausgewandert.

Das waren natürlich tolle Geschichten: Wer konnte schon mit solch einer Großmutter aufwarten?

Nach Kirschkuchen und Schokolade liefen die Kinder zu ihrem Liebling, der Ziege Meta. Die steckte schon neugierig den Kopf mit dem langen Bart aus dem Verschlag und ging an der kurzen Leine wie ein Hund bei Fuß mit Ilse in den Garten und wurde dort angetüdert. Wie die Geiß in dem Gedicht vom Bäumlein, das immer andere Blätter haben wollte, rupfte Meta die Blätter vom Kirschbaum und verzehrte sie mit mahlendem Kiefer.

Eine besondere Vorliebe hatte Meta für Tabak. Wenn August seinen Zigarrenstummel fortwarf, paßte Meta genau auf und fraß ihn mit sichtlichem Behagen. Sehr viel später, als Ilse einmal eine Reise durch Norwegen machte, erlebte sie auf einem Bergpaß, wie die Ziegen, die dort weideten, jedes haltende Auto stürmten, um Zigaretten zu erbetteln. Und sie fraßen die Beute mit dem gleichen Vergnügen wie Meta die Zigarrenstummel.

»Wo sind die Zicklein?« fragte Ilse.

»Zwee sin verkooft«, sagte Berta, die aus dem Gemüsegarten kam, und fügte ungerührt hinzu: »Un das dritte is dod.« Das Zicklein hatte sich, in zwei Zaunlatten eingezwängt, erwürgt.

»Und ich hätte so gerne eins mit nach Hause genommen«, jammerte Ilse.

»Wohin denn?« fragte Ulla.

»In unseren Garten.«

»Was, ooch nee, in euern schönen Blumengarten. Willste wohl den Bock zum Gärtner machen.«

Bald hatte Ilse die Enttäuschung vergessen. Da waren ja noch die Kälbchen mit dem gelbbraunen Fell, die sich streicheln ließen und die Mädchen mit verwunderten Kinderaugen anblickten. Und Entennachwuchs gab es wirklich, neun buttergelbe Flaumbällchen kamen angewatschelt, aber die weiße Entenmutter verzog sich schnell mit ihnen unter einen schützenden Holunderstrauch.

»Ich will später auch mal einen Bauernhof haben, mit vielen, vielen Tieren«, sagte Ilse.

»Un wenn dann die Ferkel geschlachtet werden und die Gänse gerupft werden, dann heulste!« meinte Ulla ungerührt.

Als sie in das Haus zurückgingen, stand auf der Türschwelle zur ›Guten Stube‹ Tante Pauline. Hoch aufgerichtet stand sie da in einem dunklen Seidenkleid, das bei jeder Bewegung raschelte und wohl noch aus dem vergangenen Jahrhundert stammte. Die sehr hellen Augen waren blicklos in die Ferne gerichtet, sie tastete nach Ilses Hand. Eine blinde Frau von altersloser Schönheit, das Gesicht mit einem Geäst von Schicksalsfäden durchzogen.

»Sie ist eine Pythia!« hatte der Vater einmal lächelnd gesagt. Und Mutter hatte es Ilse erklärt: »Eine Seherin.«

»Aber sie ist doch blind!«

»Gerade darum, Kind.«

Die alte Frau war mit ihrem Land verwachsen wie ein alter Baum. Oft sprach sie in Versen. »Gib Regen und Sonnenschein für Reuß, Greiz, Zeitz und Lobenstein.« Das hatte sich Ilse besonders eingeprägt.

»Hast du noch gekochte Kartoffeln vom Mittag übrig?« fragte Tante Pauline die Großmutter.

»Ja, warum?«

»Heinrichs Leibgericht sind Plinsen«, sagte sie.

»Aber Heinrich ist doch gar nicht da!« verwunderte sich Mutter.

Tante Pauline ging nicht darauf ein. »Heute ist Jakobi, der 25. Juli. Die Zuckerrüben sehen gut aus in diesem Jahr . . .« – Ilse und Ulla blickten sich an: sehen? – »Und gut ist auch der Roggen. Die Futterrüben müssen noch Kalksalpeter bekommen, damit sie reichlich Blatt bilden. Und die Schoßrüben müßt ihr rausziehen und als Saufutter nehmen.«

»Rübenschädlinge ham'mer heuer nich viele«, meinte die Magd zufrieden.

»Macht's nur, wie ich sage.«

Und nach einer Weile fügte sie hinzu: »Ja, ja, zu Jakoben wachsen die Rüben nach unten und nach oben.«

Großmutter Selma hörte immer zu, wenn Tante Pauline sprach. Ihre Ratschläge waren für sie, die seit kurzem Witwe war und mit August und den beiden Mägden die ganze Arbeit machte, von großer Wichtigkeit.

»Wenn Gerhard von der Landwirtschaftlichen Schule kommt, wird er alles übernehmen«, meinte sie mit einem kleinen Seufzer. »Unser Jüngster fällt ja als Studiosus leider für uns aus.«

»Wer fällt hier aus?« fragte eine junge Stimme von der Tür her. Heinrich! Da stand er, sonnengebräunt und verstaubt. Er warf den Rucksack auf die Bank und setzte sich aufatmend hin mit ausgestreckten Beinen. »Wie ihr seht, falle ich nicht aus, aber auf die nächstbeste Bank.«

»Junge, wo kommst du denn her?« Omas Augen leuchteten. Heinrich, der Jüngste, war ihr Lieblingssohn, obgleich sie es nicht zugeben wollte.

Ilse wurde es heiß zumute: Was hatte Tante Pauline eben gesagt? »Heinrichs Leibgericht sind Plinsen.«

Ulla stieß Ilse in die Seite: Sah der Junge aber gut aus!

»Wir haben eine Wandertour gemacht, ins Thüringische.« Heinrich zog Ilse an den langen Zöpfen. »So, jetzt geh' ich mich frisch machen und mir ein neues Hemd anziehen.«

Großmutter Selma rieb schon die gekochten Kartoffeln und vermischte sie mit Salz und Mehl zu einem trockenen Teig. Dann rollte sie ihn dünn aus, und die Mädchen halfen ihr, ihn in eckige Teile zu schneiden. Diese ›Oblaten‹ wurden auf der heißen Ofenplatte gebakken und warm aufgetischt.

»Da komm' ich ja grade richtig.« Heinrich stand, merklich sauberer, in der Tür und rieb sich die Hände.

»Tante Pauline hat's gewußt, das mit den Plinsen«, platzte Ilse heraus.

»Tante Pauline weiß eben alles«, sagte Heinrich leichthin und schob sich seinen Teller heran.

»Was wollt ihr dazu – Butter, Sirup oder Honig?« fragte Selma.

»Sirup!« riefen die Mädchen wie aus einem Munde.

»Nee, de Bladdnhobser schmecken am besten mit Butter und Zukker«, lachte Heinrich und langte kräftig zu. Tante Pauline aß nichts. Sie saß mit gefalteten Händen am Tisch, und die leeren Augen waren wie immer in die Ferne gerichtet. Ihre Augen kannten keine Mauern und Wände mehr.

»Hab' in Jena Wilhelm getroffen ...«

»... deinen Vetter Burggraf ...?«

»Ja, den sie auf der Uni ›Graf Willy‹ schimpfen.«

»Ist denn das ein Schimpfwort?« fragte Ilse.

»Nee, nicht direkt. Aber der studiert Germanistik und möchte rausfinden, warum wir Burggraf heißen.«

Tante Pauline hob die Hand. »Weil wir mal Burggrafen waren im Mittelalter, ich hab's von meiner Großmutter und die von ihren Vorfahren. Vor dreihundert Jahren haben die Burggrafs aus Aylsdorf ihr Burggrafenamt verkauft, jawohl.«

»Das kann sogar stimmen«, meinte Heinrich, »manche haben ihren Titel zu Geld gemacht. Willy erzählte, daß die Leisniger Burggrafen schon 1365 für 3500 Schock ›breiter Groschen‹ ihre Burggrafenschaft verkauften. – Hätt' ich sicher ooch gemacht.«

Ilse war ganz aufgeregt: »Neulich hat Herr Lewerenz, Vaters Freund, zu Mutti gesagt, als sie ihren neuen Hut aufhatte: Heute siehst du ja wie 'ne echte Burggräfin aus. Da war Mutti aber stolz.«

»Und was sagte dein Vater dazu?« fragte Ulla.

»Na, dann steig mal runter von deiner Burg und bind mir die Krawatte.«

Alle lachten. »Blödsinn«, meinte Heinrich, »die Burggrafs waren, wenn überhaupt, nur unechte, nämlich Kastellane. Es gab ja auch Zentgrafen, Waldgrafen, Holzgrafen als Verwaltungsbeamte.«

»Burggraf bleibt Burggraf«, beharrte Tante Pauline und nickte vor sich hin, »das ist die Wahrheit.«

Oma Selma wehrte ab: »Nun Schluß damit, ob echt oder unecht, ist mir egal. Erzähl mir lieber, wo du in Thüringen gewesen bist.«

»Kreuz und quer, von Eisenach nach Ruhla, durch die Wälder nach Friedrichroda und von dort mit der Waldbahn nach Gotha. Bin kein Dichter, aber wenn du so im Gras liegst, unter dir breiten sich Buchen- und Tannenwälder aus, eine Mühle rauscht am Bach, wenn du dann Höhenrücken erklimmst, wo die Kammwinde fegen – das ist schon was. Am Abend sahen wir auf dem Weg nach Ruhla eine dünne Rauchfahne, und da tauchte ein rußgeschwärzter Mann auf, ein Köhler. Ein Meiler war da aufgeschichtet, aus dem der Rauch stieg, mitten im Hochwald – ein Bild wie aus einem Märchenbuch.«

»Und was macht der da im Wald?« wollte Ilse wissen, der die Sache etwas unheimlich war.

»Er verkohlt Tannen- und Fichtenholz in seinem Meiler.«

»Verkohlt?« platzte Ulla heraus.

Der Student warf ihr einen etwas mitleidigen Blick zu: »Müßtest du doch wissen. Er verwandelt das Holz in Holzkohle. Fühle mich im übrigen selber mehr als Thüringer, wenn ich ooch Sächsisch rede«, fuhr Heinrich ernsthaft fort. »Kee Preuße bin ich nich. Schließlich waren unsre Zeitzer Vorväter, die Germanen, die sich Hermanduren nannten, seit 200 nach Christi Thüringer.«

Er gähnte und streckte seine sonnenbraunen Arme hoch. »Kinder, bin ich müde. Immerhin sind wir in vier Tagen mindestens 150 Kilometer marschiert.«

»Du mußt dich ausruhen, ich bring' dir eine Tasse Tee, da schläfst du gleich ein.« Tante Pauline ging an den Küchenschrank und mischte mit nachtwandlerischer Sicherheit Baldrian, Melisse, Ehrenpreis, Schlüsselblumen und Frauenmantel zu einem Tee, den Heinrich trank – um sich anschließend eine Flasche Bier aus dem Keller zu holen.

Die Mädchen wollten noch einmal zu den Pferden. August saß vor dem Stall und schmauchte seine Zigarre. »Spielst du uns was vor?« bettelte Ilse.

»Hab' keine Zeit«, knurrte er, aber dann holte er doch seine Harmonika.

Ilse kicherte: »Weißt du noch, bei der Kirmes im vorigen Jahr? Du hast zehn grüne Klöße gefuttert und so viel Bier getrunken. Und dann hast du mit Berta den Kirmeswalzer getanzt und so'n komisches Lied gesungen.«

»S'is mir im Leibe schlecht,
S'is mir auch so nich recht!
Holt mir den Stiefelknecht:
Kärmse!«

sang August und spielte dazu auf der Harmonika.

Ulla wußte noch ein Kirmeslied:

»Wenn Kirmse is,
wenn Kirmse is,
da schlacht' mei Vader en Bock,
da danzt meine Mudder,
da danzt meine Mudder,
da waggeld der rode Rock.«

War das ein Abend! Aus dem Stall kam der warme Dunst der Pferdeleiber, auf der Weide muhten die Kühe, und die Schwalben flogen unter dem Scheunendach hin und her. Berta kam mit der Futterschüssel für die Küken mit Hirse, gewogenen Brennesseln, Kleie und Haferflokken, mit Milch verrührt.

Ein schöner Tag war das gewesen. »Findste doch auch, Ulla?« Die nickte, etwas zögernd. Am meisten hatte ihr der Student Heinrich gefallen. Und dabei hatte er gar keine Notiz von ihr genommen.

Tante Pauline hielt beim Abschied lange Ilses Hand in der ihren runzligen, leicht zitternden, und dann sagte sie, und ihre hellen Augen schienen in unendliche Fernen zu blicken: »Bald wirst du nicht mehr kommen, Kind. Dann werdet ihr fortgehn, weit fort, an das große Wasser.«

»Aber ich will gar nicht fort, Tante Pauline.«

Auf dem Nachhauseweg hatte sie das schon wieder vergessen.

Der Sonntagsausflug – Elisabeth von Heyking

Sommer 1923

Kein Unglück so groß – es hat ein Glück im Schoß!

Ein Sonntagmorgen im Sommer. Im Hof stand die Kutsche. Wolfner hatte die beiden kräftigen Kaltblüter Hans und Liese gestriegelt und zog ihnen die buntgestrickten Ohrenschützer über die Lauscher, wegen der Fliegen. Der Kutscher Wolfner wohnte in der Posaer Straße und hatte auch eine Familie, aber ›seine‹ Pferde waren ihm am wichtigsten. Am liebsten hätte er wohl im Pferdestall übernachtet.

Als die Pferde angeschirrt waren, sprang Tell, der Dobermann, als erster in die Kutsche, aus Angst, nicht mitgenommen zu werden. Auch Ulla war mit von der Partie und einer der kleinen Vettern. Ilse trug einen neuen Strohhut und ein weißes Kleid mit breitem rotem Samtgürtel, Ulla ein blaues Kleid mit einer ebensolchen Haarschleife. Mutter, im hübschen langen Sportkostüm, hatte mit Marie einen großen Picknickkorb gepackt. So ging es mit Hüh! und Hott! durch die verschlafene Stadt, die sich gerade die Nachtmütze vom Kopf streifte, über die Elsterbrücke in den Zeitzer Forst, durch die Dörfer, über Ossig zur Schneidemühle. Sie rasteten im Schatten eines mächtigen Eichbaums auf einer Wiese neben dem rieselnden Bach. Mutter breitete eine bunte Tischdecke auf dem Rasen aus, und Ilse und Ulla holten aus dem Picknickkorb Würstchen, gekochte Eier, Kartoffelsalat, Brathähnchen, Frikadellen und Brote – der Vorrat schien unerschöpflich zu sein.

»Kein Pudding?« Ilse vermißte ihre Lieblingsspeise.

»Für euch gibt's Kirschsaft, die Walderdbeeren sind noch nicht reif. Wie gut, sonst würdet ihr bloß eure Sonntagskleider beklecken!« Mutter schenkte dem Vater aus der Thermosflasche Kaffee ein. Ilse warf sich ins Gras. Frühstück auf einer Wiese, wo man sich barfuß, unterm blauen Sommerhimmel bei Vogelgezwitscher wohlig ausstrecken konnte – das war nach ihrem Geschmack! Die Kinder langten tüchtig zu und ließen sich Würstchen und Eier schmecken. Die Wespen wollten sich auch am Mahl beteiligen und bemühten sich eifrig, in die Saftflasche hineinzukriechen. Wolfner versuchte mit Erfolg, sie mit Zigarrenrauch zu verscheuchen. Vater schnitzte aus Baumrinde ein Boot, das die Kinder im flachen Wasser schwimmen ließen, und Tell war ganz erpicht darauf, sich mit lautem Geplansche ins Wasser zu stürzen und das Ding zu holen, bevor es fortschwimmen konnte. Ilse und Ulla wateten mit bloßen Füßen ins kühle Naß, und dann liefen sie durch das hohe Gras der Wiese und pflückten gelbe Himmelsschlüssel, die in Mengen dicht am Ufer wuchsen. Ilse steckte die Nase ins Gras. Es roch würzig nach Erde und Kräutern aller Art, mit langstieligen Blättern, an denen Käfer eilig hochkrochen. Grüne Blüten, die aussahen wie Vogelschnäbel, Pflanzen mit herzförmigen Blättern, traubenartige, rosettenförmige, auch graufilzige und stachelige, die am Boden krochen, und Blätter wie kleine Schmetterlingsflügel, leise zitternd. Und dazwischen langstielige blaue Glockenblumen und Tausende von Gänseblümchen, wie kleine Sonnen mit weißem Strahlenkranz.

Am schönsten ist es da, wo keine Menschen sind! mußte Ilse denken. Nur Gräser und Bäume, Wasser und Blumen. Und die Tiere des Waldes. Keine Häuser und Straßen und Fabriken!

Sie blickte wie beifallheischend zu Vater hin, aber er vertiefte sich in ein Heft und machte sich ab und zu Notizen. Er schien mit seinen Gedanken bei seinen Bauplänen zu sein. Ilse wagte nicht, ihn anzusprechen.

Ulla hatte ihre Mundharmonika mitgebracht und spielte die Melodie zu dem Lied, das hier bei Ossig entstanden war:

»Im schönsten Wiesengrunde
steht meiner Heimat Haus.
Da zog ich manche Stunde
ins Tal hinaus.
Dich, mein stilles Tal,
grüß ich tausendmal . . .«

Ilse lag unter dem Eichbaum und träumte in das hohe Geäst hinein. Träumte von einer hölzernen Flöte, die sie im Grase fand und die wundersame Töne von sich gab. Aus dem Wald kamen Elfen und Zwerge, die Elfenkönigin, in einem weißen Schleiergewand, nahm sie an die Hand, und sie tanzte. Tanzte mit den Märchenfiguren aus ihren Kinderbüchern, bis eine Stimme sie jäh aus dem Traum riß: »Spinnste? Komm, wir flechten uns einen Kranz aus Gänseblümchen!« Das war Ulla und keine Fee.

»Kinder«, rief Vater, »es geht weiter. Die Pferde wollen nach Hause.« Ulla saß als erste in der Kutsche, verzehrte die letzte Wurstbemme und gab dem bettelnden Tell einen Bissen ab. Vater schwang sich neben Wolfner auf den Bock, Ilse, neben Mutter im Fond, nahm den kleinen Robert auf den Schoß.

Die beiden Braunen legten ein Tempo vor, als wollten sie am olympischen Wagenrennen teilnehmen. Aber Wolfner behielt sie fest im Griff. »Ruhig, Liese, immer sachte, meine Kleene!« begütigte er die Stute, die immer dem langsameren sturen Hans voraus war. Die Pferde trabten, ihre glatten Kruppen glänzten vor Schweiß, die Straße glitt unter ihren knatternden Hufen wie ein endloses graues Band dahin. Die Kirschbäume der Alleen links und rechts sausten vorbei. Hei, wie der Kutscher die Peitsche schwang, um die Bremsen von den Pferderücken und Flanken zu verscheuchen! Die blonden Mähnen standen im Wind. Die Tiere schnaubten und bewegten die Ohren. So ging es mal im Trab und mal im Schritt bis nach Hause.

An einem der nächsten Sonntage kutschierte der Vater selbst. Ilse war mit den Eltern allein. Ohne Ulla machte die Fahrt lange nicht soviel Spaß. Sie wünschte sich heimlich, daß irgend etwas geschah. Bei Vater fielen die Pferde immer in Trott. Mit Wolfner war das anders. »Hüh!« Vater wurde die Fahrt auch zu langsam, und er versetzte Hans einen Schlag auf das pralle, schweißglänzende Hinterteil. Der warf den Kopf hoch und schnaubte. Eine Gruppe von Wandervögeln bog um die Wegecke und kam mit lautem Gesang dem Wagen entgegen. Eine große bunte Fahne flatterte im Wind. Die Pferde scheuten und rasten dann in wildem Galopp auf eine Brücke zu. Vater zog mit aller Kraft an den Zügeln, aber die Pferde waren nicht mehr zu halten. Die Kutsche raste immer schneller und schaukelte nach beiden Seiten tief zum Boden hin. Sie drohte jeden Augenblick umzukippen. Mutter und Ilse saßen wie gelähmt im Fond. Plötzlich – Ilse wußte nicht, was in sie gefahren war – sprang sie aus dem Wagen und stürzte auf das Straßenpflaster. Zur Verblüffung der herbeieilenden Fußgänger, die das Kind schon tot glaubten – »die is hin!« sagte einer –, stand sie auf, rieb sich nur die blutenden Knie und humpelte der Kutsche nach, die im Galopp weiterraste, als spränge sie fröhlich über Stock und Stein. Vor Aufregung spürte Ilse kaum einen Schmerz.

Von Zeitz her kam auf der Landstraße ein schnittiger Landauer mit heruntergeschlagenem Verdeck dem humpelnden Kind entgegen. Zwei elegante Damen saßen in dem Wagen. Die ältere tippte dem Kutscher, der in Livree auf dem Bock thronte, auf die Schulter: »Anhalten, bitte!« Sie beugte sich zu Ilse hinab, die vorbeihumpeln wollte.

»Kind, was machst du? Springst einfach aus dem Wagen! Du mußt dich doch verletzt haben!«

»Nee, bloß 'n bißchen«, stammelte Ilse.

»Aber du blutest ja. Melanie, lassen Sie das Kind einsteigen!«

Ilse wurde in das schöne Gefährt gehoben und vorsichtig in die Polster gesetzt. Die ›Melanie‹ genannte Dame verband mit einem Spitzentaschentuch vorsichtig das blutende Knie.

Der Kutscher wendete, und langsam fuhr der Landauer der Kutsche mit den durchgehenden Pferden nach, die plötzlich mit einem Aufbäumen stehenblieben, mit zitternden Flanken, Schaum vor den Mäulern.

Es war wie ein Wunder: Nur wenige Meter vor dem steil abfallenden Ufer zur Elster war der Wagen zum Stehen gekommen.

»Sind das deine Eltern? Und wie heißt du?«

Ilse antwortete schüchtern, sie war aufgeregt, aber auch beglückt über das Abenteuer dieser Begegnung. Sie starrte der Dame in das Gesicht, noch nie hatte sie solche Augen gesehen. Sie beherrschten das schmale, sehr zarte Antlitz. Es waren große Augen mit schweren Lidern unter feingezogenen, geschwungenen Brauen. Der Blick dieser Augen war von einer sanften Traurigkeit – erst später fiel Ilse der richtige Ausdruck ein: leiser Melancholie. Das feine Haar, schimmernd wie Seide, war von silbernen Strähnen durchzogen. Sie trug ein graues Kostüm und als einzigen Schmuck eine lange Goldkette mit einem Medaillon.

Die andere Dame war eine hagere, etwas steif wirkende Frau, die Ilse mit einem Blick betrachtete, in dem sich Mißtrauen und Mitleid mischten.

Inzwischen waren die Eltern aus der Kutsche gestiegen, nachdem Vater die Pferde an einen Baum gebunden hatte, auf Hans und Liese behutsam einsprechend und ihre Hälse klopfend. Die Mutter wollte ihrem Kind entgegenlaufen, da sah sie es in dem nahenden Landauer sitzen. Die beiden Füchse hielten – was für herrliche Tiere! –, und die Dame mit den großen Augen sagte: »Da haben Sie Ihr Töchterchen wieder. Wie Sie sehen, fast unversehrt.«

Die Mutter bedankte sich.

Ilse wäre beim Aussteigen fast hingefallen. Nicht nur wegen des mißglückten Knickses. »Danke«, flüsterte sie, »vielen Dank, Frau ...«, und sie blickte die hilfreiche Dame eindringlich an.

»Ich bin Elisabeth von Heyking«, sagte die Dame mit einem feinen Lächeln.

»Vom ... vom ... Schloß?« Ilse wurde es ganz heiß. »Da sind Sie ja die berühmte Schriftstellerin!«

»Du weißt ja recht gut Bescheid, Kind!« verwunderte sich die Baronin.

»Mir ha'm ja das Buch in der Schule gelesen: Tschun, der Chinesenjunge.«

Die beiden Damen wechselten einen Blick.

»Welche Schule besuchst du denn?«

»Das Lyzeum«, sagte Ilse nicht ohne Stolz.

»So, und hat dir das Buch gefallen?«

Ilse nickte eifrig. »Da lernt mer, wie's in China aussieht un wie de Leude da läbn un so . . .« Wenn sie erregt war, fiel Ilse in den Dialekt »Frollein Brinkmann sacht, die Geschichte is so lehmsecht geschriem Awer mir ha'm bloß e Stückchen draus gelesen!«

»Möchtest du das Buch haben? Ich schenke es dir, ja? Melanie, schreiben Sie die Adresse auf.«

Ehe Ilse antworten konnte, war der Vater dazugetreten, stellte sich vor und gab der Hoffnung Ausdruck, daß seine Tochter der Frau Baronin nicht zuviel Ungemach bereitet hätte.

»Im Gegenteil«, versicherte Frau von Heyking, und die Dame mit Namen Melanie lächelte ebenfalls. Dann nickten beide, winkten Ilse noch einmal zu, der Kutscher wendete und fuhr in Richtung Crossen davon.

Jetzt erst nahm Mutter ihr Kind in die Arme. »Ilse, Ilse, das hätte schlimm ausgehen können. Wie konntest du nur aus dem Wagen springen, du unvernünftiges Kind!«

Wolfners Kommentar zu dem Ereignis am nächsten Tag war: »Mir wär' das nich bassiert!«

Vater sagte nichts. Aber in der nächsten Zeit unternahm er keine Ausfahrten.

Ilse konnte es kaum erwarten, das Erlebnis am nächsten Tag in der Schule zu erzählen. Die Wirkung war unterschiedlich. Ulla war natürlich ganz erregt und bedauerte, daß sie das alles nicht miterlebt hatte. Hannelore dagegen meinte achselzuckend: »Pah, wir ha'm auch Landauer und Jagdwagen, un meine Mutter is mitt'n Prinzen von Droyssig befreundet.« Aber niemand hörte hin. »Da habt ihr großes Glück gehabt«, sagte Fräulein Brinkmann, die Klassenlehrerin. »Wißt ihr, was genau an jener Stelle einmal einer Frau von Lichtenhain geschehen ist?«

»Nee, erzähl'n Se mal!«

»Also, die Frau von Lichtenhain wollte mit ihren beiden Kindern von Etzoldshain nach Reuden fahren. Die Elster führte Hochwasser, und eine Brücke gab es damals noch nicht. Als der Kutscher an den Fluß kam, sagte er: ›Gnädige Frau, ich kann heute nicht durchfahren, die Strömung ist zu stark bei dem hohen Wasser.‹ Doch Frau von

Lichtenhain fuhr ihn an: ›Ach, wer wird sich denn vor dem großen Wasser fürchten. Fahr zu in Teufels Namen!‹ Der Kutscher tat, wie ihm geheißen. Als sie mitten in der Elster waren, klinkte sich der hintere Teil des Wagens aus und wurde von der Strömung fortgerissen. Die Frau von Lichtenhain und ihre Kinder mußten elendiglich ertrinken. Der Kutscher aber kam mit seinen Pferden glücklich an das andere Ufer.«

Ilse lief ein Schauer über den Rücken. Hätte ihnen das auch passieren können, wenn sie neben der Brücke in das Wasser gestürzt wären?

Am nächsten Tag läutete es während des Mittagessens. Vor der Tür stand ein langer Kerl in einer Livree mit silbernen Knöpfen. Marie wollte ihm gerade die Tür vor der Nase zuschlagen: »Der hat sich wo verloofen!«

Aber Ilse kam angelaufen und rief: »Das ist für mich!«

Tatsächlich war es das versprochene Buch »*Tschun*«. Auf der ersten Seite stand eine Widmung:

Für Ilse zur Erinnerung an den 23. August 1923. Elisabeth von Heyking.

Und darunter dann noch in derselben Handschrift:

Wer Pferd und Frauen suchet ohne Mängel, hat nie ein gutes Roß im Stall, im Haus nie einen Engel.

»Da bin'ch baff!« sagte Marie.

Die Kalkgrube
Sommer 1923

Dem Umgang mit Tieren verdanke ich die wichtige, weil befruchtende Empfindung des Paradiesischen, die sonst mit Adam und Eva verlorengegangen wäre . . .
Mechtilde Lichnowski

»Morgen geht's mit den Pferden in die Schwemme, kommst du mit?« fragte Ilse die Freundin.

Bedurfte es überhaupt einer Frage? Pferde – Reiten – Sonntagmorgen: Es konnte nichts Schöneres geben.

Ulla war deshalb schon früh am Pferdestall, und als Ilse nach dem Frühstück hinzukam, fand sie Wolfner im Gespräch mit der Freundin. Das war ungewöhnlich. Der Kutscher war sonst sehr schweigsam. Mit den Pferden sprach er – mit den Menschen kaum. Nur, wenn es nötig war.

Aber im Stall konnte man ihn stundenlang reden hören. Die Pferde antworteten auf ihre Weise. Wolfner fühlte sich verstanden.

Früher war er Reitlehrer in einem Tattersall gewesen. Ein guter Reitlehrer, gewiß. Aber keiner, der nach dem Mund redete. Er verstand viel von Pferden und liebte das Reiten, mochte aber nicht, daß es zur Mode wurde.

So war er im Tattersall vor allem bei den Damen unbeliebt, die sich sehr gerne im Sattel sahen, auch wenn sie – wie Wolfner sich auszudrücken beliebte – wie die Axt auf dem Schleifstein saßen. Als seine Maulfaulheit dann an die Grenze der Unerträglichkeit stieß, wurde der alte Querkopf gefeuert.

Er nahm es gelassen hin. Packte Sack und Woilach und ging. Nach einigen mißglückten Versuchen landete er als Kutscher bei Ilses Vater. Und schien zufrieden zu sein. »Schlafen die Pferde im Steh'n? Werden die überhaupt nich müde?« hörte Ilse die Freundin fragen.

Wolfner putzte seine Braunen weiter mit Hingabe. »Die gönn'n den ganzen Dach stehn un vor sich hindösen un ooch in der Nacht so schlofen. Färde ham enne sehnige Musguladur, musde wissen. Anders als mir Menschen. De Vorderbeene sin schdarg, newahr, meine Liese? Du legst dich nich gerne hin.«

Ilse wurde ungeduldig. »Darf ich auf Hans reiten? Mit Sattel?«

»Keen'n Saddel brauchste nich!«

Der Kutscher führte die Pferde fest am Zügel auf die Straße bis zur Drahtseilbahn am Wendischen Berg.

Die beförderte alles. Auch Pferde.

Sie fuhren langsam den steilen Berg hinunter in die Unterstadt. Die Pferde waren es gewohnt. Sie verhielten sich ruhig. »Jetzt darfsde reiden!« Wolfner hob Ilse auf den breiten Rücken des Braunen, Ulla saß schon auf der Liese. »Hüh!« In gemächlichem Schritt ging es durch die Zeitzer Unterstadt auf das Ufer der Weißen Elster zu. Stolz thronten die Mädchen auf den Pferderücken. Wie anders sah die Welt doch von hier oben aus. Wolfner ging ruhig nebenher. Solange er da war, konnte ja nichts geschehen.

Am Fluß angelangt, verharrten die Pferde. Stampfend, schnaubend, mit wachsender Freude an dem spritzenden Wasser ließen sie sich von Wolfner in das hier seichte Wasser führen. Der Morgen versprach einen heißen Sommertag. Die Pferde spürten es. Sie genossen die Kühle des Flusses.

Ilse fühlte, wie ihr Herz klopfte. Eine unbeschreibliche Lust erfüllte sie, sie hätte lachen, schreien mögen, es war wie ein Rausch. Sie hockte auf dem Pferderücken, die bloßen Füße an den warmen Leib gepreßt, atmete den Geruch, der aus dem Fell aufstieg, fühlte jede Regung, jede Bewegung, war irgendwie eins mit dem Tier. Das Wasser spritzte hoch, rann an ihren nackten Beinen herab.

Auch dieser Morgen hatte ein Ende. Daheim wartete schon der Vater im Pferdestall, leicht ungeduldig.

»Sind die Hufe in Ordnung? Keine Knorpelverknöcherung?«

»Alles bestens, Chef!« Wolfner grinste zufrieden. Vater begutachtete eingehend die Tiere. »Ein guter Huf macht das Pferd. Na, wie war's denn?« wandte er sich an Ilse. Es klang fast nebensächlich. Aber seine Augen fragten mehr als Worte.

»Pferde sind die schönsten Tiere!« rief Ilse begeistert. »Ich möchte immer reiten, Vati.«

»Du hast ja schließlich noch Beine«, lachte Vater, und Hans wieherte, als wollte er sekundieren.

Von nun an ging Ilse jeden Tag in den Stall und begrüßte ihren Freund mit Zuruf und einem liebevollen Klaps auf den Hals. Dann gab sie ihm eine Handvoll Hafer oder Häcksel. Wolfner duldete das stillschweigend.

»Geh nie von hinden ran«, warnte der Kutscher, »der schlächd aus, das Luder. Er meent's nich beese, aber hinden hat er ooch keene Oochen.«

Es passierte dann doch: Der Huf traf Ilses Oberschenkel, und der schimmerte dann in allen Regenbogenfarben. Ilse ertrug tapfer die Schmerzen, denn die Schuld lag ja bei ihr. Es war fast, als fühlte sie sich durch diese schmerzhafte Berührung noch stärker mit dem Freund verbunden.

Sie mußte sich ins Bett legen, bekam einen Umschlag mit essigsaurer Tonerde um den Schenkel und genoß die Ruhe mit Schmökern und Dösen. Mutter schalt nicht, und Marie brachte ihr sogar eine Tasse Schokolade ans Bett. »Haste Glick gehabt, das Been hätt' ja ooch hin sein könn'n. Färde sin manchma heemtick'sch.« Ein bißchen krank sein war gar nicht so übel. Man wurde wichtig genommen, durfte sich verwöhnen lassen und bekam die Fürsorge, die man sonst vermißte. Denn Mutter war der Meinung, daß Strenge eine notwendige Erziehungsmaxime sei. Sie lobte nie, obwohl Ilse danach gierte.

Marie trug neuerdings ein Häubchen auf dem Kopf, eine Art Rüsche, aus weißer Spitze mit schwarzem Samtband, dessen Enden sie um das hochgesteckte Haar gebunden hatte. »Du siehst wirklich aus wie das berühmte Schokoladenmädchen auf dem Gemälde.«

Bei Großmutter Selma hing ein Druck des Bildes in der Küche. Marie fühlte sich sehr geschmeichelt und betrachtete sich von da an noch mehr im Spiegel.

Sie ging öfters zu Wolfner in den Stall. Kein Wunder, der Kutscher machte eine gute Figur und sah mit seinem Schnauzbart und den stahlblauen Augen so aus, wie Ilse sich einen Landsknecht vorstellte. Nur der Scheitel wurde schon sehr dünn. Aber das fiel kaum auf, weil Wolfner fast immer seine Mütze trug. Er nahm sie im Stall nur ab, um sich ein Taschentuch auf den Kopf zu legen. Das war Gegenstand einer ›Dressur‹, auf die Wolfner sehr stolz war. Hans nahm nämlich das Taschentuch behutsam mit seinen Zähnen von Wolfners Kopf ab.

»Na, nun mach mal nich unsern Hans zum Zirkuspferd«, sagte Vater, aber er lachte, als Wolfner ihm zum ersten Mal dieses Kunststück vorführte. Ilse war begeistert. Sie hätte es gerne auch einmal versucht, aber Wolfner lehnte ab: »Der reißt dir noch de Zöbbe vom Kobb.«

Als Marie eines Tages mit ihrem neuen Häubchen in den Stall kam, war Wolfner gerade dabei, Hans auf den Hof zu führen. Der Braune sah Maries weißes Häubchen und biß blitzschnell zu. Aber an dem Häubchen hing ja Maries hochgesteckter Dutt. Sie schrie wie am Spieß, und Wolfner hatte alle Mühe, dem Pferd die Beute zu entreißen. Von da an war Marie sauer auf Wolfner und mied den Stall.

Als Ilse eines Tages aus der Schule nach Hause kam, sah sie im Hof eine Männerversammlung. Da standen Vater, Wolfner, der Polier, der Techniker aus dem Büro und drei Maurer um die Kalkgrube, in der sich etwas Großes bewegte. Die Männer versuchten mit langen Brettern, den schweren Körper aus der Grube zu heben. Und da sah sie den Pferdekopf, der sich angstvoll emporreckte, stöhnend, die braunen, verklebten Augen voller Todesangst, Schaum vor dem Maul: Hans war in die Kalkgrube gefallen.

Ilse war so erschrocken, daß sie wie angewurzelt stehenblieb. Die Männer kämpften verbissen, aber immer wieder glitt der schwere Körper in die Tiefe, tauchte wieder hoch, rutschte ab, versank erneut in der ätzenden, glitschigen Masse.

»Verdammt noch mal, es muß doch gehen«, spornte Vater die Helfer an. Aber alle Mühe schien vergeblich. Einmal schrie Hans laut auf. Ilse hielt sich die Ohren zu.

Wieder und immer wieder versuchten es die Männer. »Jetzt! Hau ruck! Hald'n fest, Erwin!« schrie Wolfner und griff dem Tier in die Mähne, zerrte den Kopf hoch, jemand versuchte, den Hals des Tieres zu umfassen, aber die Hände glitten ab. Eines der untergeschobenen Bretter brach. Der Körper rutschte unaufhaltsam in die Tiefe.

»Der macht's nicht mehr lange«, sagte einer. Das aufgerissene Maul wurde sichtbar, sank wieder in die Masse zurück. »Der ertrinkt!« In Wolfners heiserer Stimme war ein Schluchzen.

»Dickere Bretter, Leute!« Vaters Stimme war hart und klar. »Und Stricke. Los, los!«

Die Maurer und der Polier schleppten weitere Bretter heran. Wolfner holte einen Strick. Ilse war jetzt ganz dicht an der Grube. Sie sah ein Stück Holz liegen, weißgestrichen, die Lehne von einem zerbrochenen Küchenstuhl.

»Mach, daß du wegkommst«, fuhr der Vater das Kind an. Aber da tauchte gerade der Pferdekopf wieder auf, das Maul weit geöffnet. Instinktiv hielt Ilse die Lehne hin. Hans schnappte zu, hielt sie zwischen den Zähnen fest. »Jawoll! Jawoll!« schrie Wolfner. Die Männer versuchten, den Körper mit einem Strick zu umschlingen. Es gelang ihnen, den Strick und noch zwei weitere mit Stangen unter dem Bauch von einer Grubenseite zur andern zu führen. »Und jetzt die Bretter. Alle mit anfassen!«

»Da ist der Schwanz, anpacken!« schrie Vater.

Langsam, ganz langsam wurde der Körper, der sich kaum noch regte, aus der Grube gehoben. Dann lag Hans auf dem Pflaster, ein riesiges, schmieriges Bündel. Aber die Flanken begannen sich wieder zu heben, das Maul öffnete sich, das zerbissene Holz fiel heraus.

»Maul un Nüstern reenemachen!« Wolfner war jetzt ganz ruhig. »Ich gloobe, mir ham's!«

Die Männer gingen erleichtert davon. »Marie, bring 'nen Schnaps!« rief Vater zum Küchenfenster hinauf, an dem das Mädchen stand. »Wir haben alle einen verdient.«

Wolfner und einer der Männer schleppten Eimer mit Wasser heran und schütteten es dem Pferd über Kopf und Rücken, Wolfner bürstete es und wusch den Kalk herunter.

Es gab kein anderes Gesprächsthema an diesem Tag als das Pferd in der Kalkgrube. Ilse versuchte immer wieder zu fragen, wie es zu dem Unglück gekommen war, aber alle waren viel zu erregt. Wie, wenn ein Mensch in die Grube gefallen wäre und es niemand bemerkt hätte!

»Eine verdammte Sauerei«, hörte Ilse einmal den Vater sagen.

Am späten Nachmittag schlich sich Ilse in den Stall. Hans stand schon wieder in seiner Box. Er zitterte noch, aber Wolfner strich ihm über Hals und Kruppe: »Ruhig, ruhig, mei' Gudster!«

»Du«, sagte Ilse schüchtern, »is er danebengetreten, weil er doch was am Huf hat, so'ne Verknöcherung?«

»Nee, nee, der Karle, der bleede Kerl, hat de Grube nich richtsch zugedeckt, das war's bloß.«

»Wozu brauchen wir denn die olle Grube? Kann die nich zugeschüttet werden?«

»Das missde doch wissen: Da drinne wird Kalk gelöscht, zum Anmischen von Butzmördel braucht mer die.« Und dann wandte Wolfner jäh den Kopf um: »Sache ma, wie kamste denn auf das Sticke Holz?«

»Die Lehne?« Ilse zuckte mit den Schultern. »Weeß ich ooch nich!«

»Fleicht hadder gemeent, das war's Daschenduch. Er hat ja zugebissen, dichtich, dichtich«, überlegte Wolfner.

Ilse sah, wie Hans seinen großen Kopf jetzt in Lieses Box schob und leise schnaubte. Die beiden Pferdeköpfe rieben sich aneinander. »Nu isser wirglich iebern Berch«, sagte der Kutscher zufrieden.

»He«, rief jemand von der Tür. Da stand Marie und hatte einen Teller mit belegten Broten in der Hand und einen Korb mit Bier über dem Arm.

»Sollst's dir schmecken lassen, Wolfner!«

Der Kutscher setzte sich auf seinen Hocker und aß mit sichtbarem Appetit. Marie war schon gegangen. Sie hatte diesmal keine Haube getragen, fiel es Ilse auf. Leise schlich sie sich aus dem Stall. Hans wieherte einmal, und Liese antwortete. Alles war wieder gut.

Das Spukhaus

Herbst 1923

Du, Mutter, wer war eigentlich der Hund?
Rilke

Willy war ein langer, magerer Junge, blaß, mit rotblonden Haaren und kurzen Hosen über eckigen Knien. Er schielte etwas, aber das machte nichts, Ilse fand ihn imponierend, weil er der Anführer der ganzen Jugend der Posaer Straße war.

Ilse rannte auf ihn zu, aber Tell war noch schneller. Er begrüßte Willy mit lautem Gebell und Schwanzwedeln.

»Los, komm«, befahl er, »die warten doch schon alle auf euch.«

Im Hinterhof saßen sechs Jungens und Mädchen auf den Brettern eines Holzstapels und begrüßten Tell mit Geschrei. »Spielste uns widder vor: Dellermecke, danz mal?«

Einer, der beliebt ist, heißt in Zeitz ›Mecke‹. Also rief man den Dobermann ›Tell-Mecke‹, und das klang auf sächsisch eben ›Dellermecke‹.

Ilse packte aus einer Tüte eine rote Wollmütze mit knallgrünem Pompon, eine abgetragene bunte Weste und einen alten Schlips von Vater. ›Dellermecke‹ ließ es sich geduldig gefallen, mit diesen Sachen ausstaffiert zu werden. Er sah umwerfend komisch aus mit seinem traurig-troddeligen Hundegesicht unter der Pomponmütze, als Ilse mit ihm im Polkaschritt herumhüpfte, während Willy auf der Mundharmonika spielte.

Aus den Fenstern hingen bald neugierige Köpfe: »Das is de Kleene vom Baumeester in der Schitzenstraße. Gucke ma, die Hundetöle. Die spielt mit dem varrickt!«

Bis schließlich Willys Vater aus dem Fenster herunterpfiff: »Geh heem mit dein'n Köter!«

»Dellermecke, geh heem!« lachten die Kinder.

»Weesse Meise gönn'n ooch danzen!« behauptete Willy und versprach für die Vorführung Ilse ein paar weiße Mäuse.

O ja, Ilse war begeistert. Weiße Mäuse, die tanzen konnten, das war mal was Neues. Aber sie wartete vergeblich auf die Einlösung von Willys Versprechen.

»Der veräbbeld dich doch bloß, mergsde das nich? Das siehd doch ä Brummochse mid'n Glasooche!« höhnte Ulla.

Nun quälte sie den Vater, ihr weiße Mäuse zu schenken. Mutter wehrte sich zwar mit Händen und Füßen – »Du hast doch Tell und Susi und deine Katze Miezi, die würde die Mäuse doch nur fressen!« –, aber eines Tages turnten in einem Glasbehälter, der auf dem Fensterbrett der Veranda stand, ein halbes Dutzend weiße Mäuse. Ilse zeigte die Tierchen mit den roten Augen jubelnd ihrer Freundin Ulla.

Die Glasplatte, die oben den Behälter abschloß, war nur einen kleinen Spalt geöffnet, kaum vier Millimeter. Aber die flinken Tierchen schafften es doch, eines Nachts auszukneifen, bevor sie das Tanzen gelernt hatten. Am Morgen fand Marie überall kleine schwarze Punkte, während die Mäuschen lustig an Wänden und Gardinen kletterten und über die Möbel huschten. »Die lassen iewerall ihre Wisidnkarden, awer gonnsekwänd, die Mistviecher!« schimpfte Marie.

»Fangen Sie die Mäuse wieder ein!« ordnete Mutter an.

»Nee, Meise faß'ch nich an«, erklärte Marie. Und blieb ›gonnsekwänd‹.

Also mußten Vater und Herr Stadler aus dem Büro geholt werden, die schließlich alle Ausbrecher erwischten und wieder in den Glaskäfig sperrten. Ohne Rücksicht auf Ilses Protest wurden die Mäuse zu dem Tierhändler zurückgebracht. Die Kinder trösteten sich bald mit einem Laubfrosch, den sie in den Garten setzten und mit dem sie wie mit einer Puppe spielten, der aber leider ob dieser ungewohnten Behandlung bald das Zeitliche segnete.

Tell, der gutmütige Dobermann, hatte einen Feind. Es handelte sich um einen Mann aus der Posaer Straße, der öfter angetrunken nach Hause kam und von Tell angeknurrt wurde. Wenn der Mann am Böhmeschen Haus vorbeitorkelte, fletschte ihn Tell mit entblößten Zähnen an. »Na warte, du Biest, ich dreh' dir'n Hals um!« hörte Vater einmal den Mann schimpfen. Abends lag Tell friedlich im Wohnzimmer neben dem grünen Kachelofen. Miezi, die schwarze Katze, machte es sich auf seinem Rücken bequem. Wenn er sich regte, gab sie ihm eine sanfte Ohrfeige. Er brummte nur und lag wieder ganz still.

Der Rauhhaardackel Susi war quirliger. Susi liebte das Theaterspiel. Morgens am Frühstückstisch führte sie eine wahre Tragödie auf, bis sie das Butterbrot bekam, das sie haben wollte. Das erste wurde von ihr ›gonnsekwänd‹ verweigert. Wenn Ilse sie im Garten mit einem Knochen erwischte, fletschte sie die Zähne und knurrte gefährlich, das saufarbene Lockenfell gesträubt, bis sie sich gelangweilt und müdegespielt in eine Ecke verzog, um das Knöchelchen zu vergraben. Mit bösen Blicken nach links und rechts, daß es nur ja keiner sah.

Am Abend ging sie auf Abenteuer aus, und wenn das Tor offen war, stromerte sie in der Nachbarschaft herum. Tell schenkte dem Dackel und seinen Launen kaum Interesse. Ihm fiel es auch niemals ein, das Grundstück allein zu verlassen. Er sah sich als Wächter des Hauses.

Eines Abends war das Tor offen. Susi lag in ihrem Körbchen, aber Tell war nicht zu finden. Sie suchten ihn im ganzen Haus, in Hof und Garten, auf den umliegenden Straßen. Sogar Willy und die Kinder der Posaer Straße beteiligten sich am nächsten Tag an der Suche.

Erst eine Anzeige, die Vater in den Zeitzer Stadtanzeiger setzte, enthüllte die traurige Wahrheit. Im Büro rief ein Mann an: »Auf'm Schitzenblatz liecht e Hund, so e schwarzbrauner, ich gloobe, es is e Dobermann. Und der is dood. Den ha'm se vergifded.«

Es war Tell. Wolfner begrub ihn im Garten.

Ilse weinte einen ganzen Tag lang, Ulla auch.

»Wo is er jetz, unser Tell, Ulla? Im Himmel? Gibt's einen Hundehimmel?«

»Wees nich.«

»Wer is denn geschdorm, dei Ongel?« fragten sie in der Klasse, als Ilse und Ulla am nächsten Morgen jede mit einem schwarzen Trauerflor am Arm erschienen. Die beiden schüttelten den Kopf. Sie sagten nichts. Die konnten das doch nicht verstehen, daß man um einen Hund trauerte wie um einen lieben Menschen.

In der Deutschstunde lasen sie Friedrich Hebbels Gedicht:

Steig' ich in die tiefsten Gründe meiner Kinderzeit hinab,
steigt mit Vater und mit Mutter auch ein Hund aus seinem Grab.
Fröhlich kommt er angesprungen . . .

Ilse zerdrückte eine Träne. Sie malte in ihre Kladde einen schwarzen Hund mit zwei Engelsflügeln. »Nie werd'ch mein'n Dell vergessen, ooch nich, wenn'ch ganz ald bin, vlleichd dreißig!«

»Ich ooch nich«, nickte Ulla.

Ilse ging nicht mehr gern in die Waschküche. Dort wurden immer die Hunde gebadet. Jetzt bellte dort Susi allein gegen die Dusche an, denn sie war wasserscheu.

Die Waschküche war zu vielem zu gebrauchen. Im Spätherbst

wurde dort zum ersten Mal geschlachtet. Ilse mochte nicht dabeisein, sie lief in den Garten. Nein, sie wollte nicht sehen, wie Blut gerührt wurde, wie der Schlachter die Füllung in die Därme stopfte.

Aber als Vater sie rief, kostete sie doch von der frischen Leberwurst. Sie schmeckte vorzüglich. Thüringer Blut- und Leberwurst von erster Güte.

Und dann das Wellfleischessen. Wieder kamen Vaters Freunde zum großen Schlachtfest. Vater wurde im Laufe des Tages immer fröhlicher. Die Männer standen herum oder saßen an dem langen Brettertisch in der Waschküche, tranken Schnaps und Bier und aßen dazu fettes Fleisch. Mutter mußte sie am Nachmittag höflich, aber bestimmt hinauskomplimentieren, denn am Abend traf sich die Familie zum Essen. Auch einige gute Freunde gehörten dazu. Es sollte sehr festlich werden. Marie hatte das Silber geputzt und das beste Geschirr aufgelegt.

Es gab Leckeres vom Schwein, frische Schlachtplatte mit Sauerkraut und als Dessert Götterspeise, von der Ilse in der Küche naschen durfte. Dann mußte sie zu Bett gehen, Mutter kannte da kein Pardon.

»Ooch, Mutti, warum darf ich nicht aufbleiben, Tante Hedy ist doch auch da?«

»Sie wird dir gute Nacht sagen.« Mutter war fast ein wenig eifersüchtig auf die junge Schwester ihres Mannes. Ilse liebte sie innig. Hedy hatte oft ein Lob für sie, die Mutter nie.

Ilse konnte nicht schlafen. Sie saß aufrecht in ihrem Bett und lauschte dem Lachen und Geplauder der Gäste, hörte Vaters sonore Stimme heraus, die immer lauter wurde. Sie klang so anders als sonst. Auf einmal Stille. Merkwürdig.

Ilse schlüpfte aus dem Bett, schlich sich barfuß an die Tür und öffnete sie leise. Sie konnte die offene Tür zum Speisezimmer sehen. Auf dem Tisch stand das benutzte Geschirr, die Römer waren halb mit Wein gefüllt und glänzten grün, golden und rubinrot.

Hildchen fiel unter den Damen besonders auf. Ihr grünes Lamékleid saß eng am Körper. Sie trug ein Stirnband um ihr kurzes Lokkenköpfchen, eine lange Korallenkette und Korallenohrringe in Tropfenform. Herr Lewerenz reichte ihr mit gerötetem Gesicht ein Glas Wein. Dann lachten sie beide zusammen.

Ilse betrachtete den blassen Prokuristen von der Zeitzer Zuckerfabrik, der gedankenverloren in einer Ecke stand und mit seiner goldenen Uhrkette spielte. Sicher sah er deshalb so traurig aus, weil seine Frau vor kurzem gestorben war. Tante Hedy stand neben ihm und lächelte ihn an. Sie war sehr schlicht gekleidet, in beiger Seide, ganz ohne Schmuck. Aber Ilse fand sie am schönsten.

Mutter trug ein neues langes Kleid aus weißem Crêpe Maroc mit Goldbrokat, den Gürtel tief auf der Hüfte, um den Hals eine Bernsteinkette, das dunkle Haar onduliert. Sie blickte zu den Männern, die vor der Tür zum Herrenzimmer standen und nicht wagten, sie zu öffnen. Aus dem Zimmer, in dem auch das Klavier stand, kam Musik, ein seltsames Spiel, das plötzlich abbrach.

Die Herren schauten sich erschrocken an: »Ist da jemand drin?«

Mutter schüttelte den Kopf. Nach einer Weile verlegenem Schweigen wieder Dissonanzen, die abrupt beendet wurden.

Ein Spuk? Oder was?

Ein Einbrecher würde schwerlich Klavier spielen.

Vater faßte nach einigem Zögern mutig die Klinke an, und knarrend öffnete sich die Tür. Da stand das Klavier, die weißen und schwarzen Tasten bleckten wie ein Gebiß aus der Dunkelheit. Jetzt wagten sich auch die anderen Herren hinein. Sie starrten auf die braunen Clubsessel, den verglasten Bücherschrank, den runden Eichentisch. Niemand war zu sehen.

Ilse huschte über den Flur, durch das Speisezimmer und weiter in das Herrenzimmer, in ihrem weißen Nachthemd wie ein kleines Gespenst anzusehen. Sie bückte sich, und eine schwarze Katze kam unter dem Sofa hervor. »Miau«, machte sie verstört und ließ sich von Ilse auf den Arm nehmen.

»Miezi, was machst du'n da? Spielst du Klavier?« Sie verzog sich schnell mit Miezi in ihr Zimmer.

Ein erlösendes Lachen klang auf. »Jemand hat vergessen, den Klavierdeckel zu schließen!« Mutter legte den grünen Läufer über die Tasten und klappte den Deckel zu.

Miezi als Mitternachtsmusikantin! Nun wurde es noch fröhlicher.

»Alle Achtung, die Kleine ist ja mit ihren neun Jahren recht couragiert«, sagte Lewerenz.

Später erschien Vater in der Tür von Ilses Zimmer, in der Hand ein Weinglas, ein albernes Lächeln auf dem geröteten Gesicht. Ilse war noch wach. »Na, Kleine, willste mal probieren?«

Er schaukelte so stark hin und her, daß er sich am Türrahmen festhalten mußte. Aber da stand schon Mutter hinter ihm mit erhitztem Gesicht, riß Vater an der Schulter zurück und schloß die Tür. »Arthur, was fällt dir ein, laß das Kind in Ruhe!«

Ilse starrte noch lange die Tür an. Wie konnte Vater plötzlich so anders sein? War es so, wenn Menschen betrunken waren?

Einige Tage später weckte ein lautes Geräusch Ilse aus tiefem Kinderschlaf.

Ein greller Klingelton schrillte durch die Wohnung. Ilse erschrak und zog zitternd die Bettdecke über die Ohren.

Wer klingelte so spät? Die Eltern waren ausgegangen, Marie war zu ihrer Familie gefahren. Wer mochte das sein?

Die Angst kroch ihr wie ein schwerer Käfer über die Brust bis zum Hals hinauf. Sie brach in Schweiß aus, verkroch sich tief unter die Decke. Die Klingel dröhnte und dröhnte.

Ilses Herz klopfte wie wild. Aber langsam löste sie sich aus dem Taumel der Angst, sie begann zu denken:

Woher kam das Klingeln? Vielleicht aus dem Wohnzimmer? Da befand sich über dem Tisch, unter der Deckenlampe, eine Klingel, mit der Mutter Marie aus der Küche rief, wenn etwas benötigt wurde.

Aber wer klingelte da jetzt mitten in der Nacht? Und dazu pausenlos?

Ilse wagte es, den Kopf aus der Bettdecke zu stecken. Der nicht enden wollende unerträgliche Ton, der fast schmerzte, und die Gewißheit, daß niemand da war, der ihr helfen konnte, machten ihren Geist wach. Irgend etwas mußte geschehen.

Aber was? Nach einer Weile wagte sie es, aus dem Bett zu steigen. Sie schlich auf die Tür zu, öffnete sie. Im Flur hockte drohend die Dunkelheit.

Es dauerte eine Weile, bis sie den Mut fand hinauszuschleichen. Durch den Flur zum Wohnzimmer. Die Tür langsam geöffnet, Mondlicht fiel durch die unverhangenen Fenster.

Da hing die Klingel. Aber niemand drückte sie.

Ilse reckte sich am Tisch hoch und erreichte die Klingel. Aber der durchdringende Ton blieb. Jetzt hörte sie es genau: Er kam aus der Küche.

Natürlich. In der Küche, oben unter der Decke, befand sich eine Glocke aus Metall. Deutlich sah man, wie der kleine Schwengel gegen den Mantel schlug. Ilse hatte es oft beobachtet. Das war es. Aber warum schlug sie bloß dauernd an? Ilse öffnete die Küchentür. Auch hier helles Mondlicht. Und da war die Glocke. Sie schrillte, schrillte – von allein. Das Kind überlegte fieberhaft. Man mußte etwas dazwischenklemmen, daß der Schwengel nicht mehr gegen den Mantel schlug. Aber was?

Ilse öffnete die Schubladen vom Küchenschrank, öffnete die Türen. In einer Ecke stand ein kleiner Pappkarton mit Tüten. Sie nahm eine heraus und schnitt mit einer Schere kleine Stücke aus der Pappe. Dann rückte sie den Küchentisch an die Wand unter die Glocke. Das war sehr schwer. Noch mühsamer war es aber, den Küchenstuhl auf den Tisch zu heben. Dann war auch das gelungen.

Vorsichtig kletterte Ilse hinauf und versuchte, die Pappstücke zwischen den Glockenmantel und den kleinen fleißigen Schwengel zu klemmen. Der wehrte sich nach Kräften. Schließlich klappte es. Sofort war es still. Unheimlich still.

Jetzt kam die Angst wieder. Aber Ilse versuchte sich zu beruhigen: »Das war doch bloß die Glocke. Die hat verrückt gespielt. Es war kein Einbrecher, kein Gespenst, kein Spuk.«

Sie stieg zitternd von dem Stuhl herunter, dann vom Tisch und lief in ihr Zimmer.

Und sie schlief sofort ein.

Am nächsten Morgen rief Marie, als sie in die Küche kam: »Was is'n hier bassiert? Ach du griene Neine! Hier schbugts wo? Wer machd'n nachts Gledderbardien in meiner Kiche?«

Vater erfaßte mit einem Blick die Situation: »Ein Kurzschluß! Hast du das gemacht, Ilse? Die Pappe dazwischengesteckt?«

Ilse nickte nur verschlafen.

»Die einzig mögliche Lösung. Bist ein tüchtiges Mädchen!« Er tätschelte ihr die Backen.

Mutter würde schimpfen, wenn sie die Unordnung in der Küche sah. Aber sie sagte nichts, blickte nur den Vater an. »Couragiert ist die Kleine!« hatte Lewerenz gesagt. Ein seltsames Kind!

»Na, komm zum Frühstück, Ilse!« rief Mutter. »Marie packt dir inzwischen die Schulbrote ein.«

Marie schüttelte den Kopf und strich gedankenlos Schmalz auf die Butter.

»Was hier bloß alles bassierd! Weesse Meise kleddern rum, de Gatze schbielt Klawier, un de Glingel schlächt Alarm. Hab'ch doch gleich gesacht: Dies is'e richtches Schbughaus.«

Naether

Herbst 1923

Glück ist eine geliebte Tätigkeit

Neuerdings interessierte sich Ilse für Vaters Bauzeichnungen. Sobald sie ihre Schularbeiten fertig hatte, spähte sie in sein Büro, um zu sehen, ob der große Zeichentisch frei war. Heute hatte sie Glück: Vater und Stadler saßen an ihren Schreibtischen, Fräulein Ebelt hämmerte auf der Schreibmaschine. Ilse holte sich einen Stuhl aus ihrem Zimmer und schob sich mit ihm durch die Tür.

Vater blickte nur kurz auf: »Na, komm schon, Kind.« Insgeheim schmunzelte er über Ilses Eifer.

Sie setzte sich an den großen Zeichentisch und stellte mit Genugtuung fest, daß sie kein Kissen mehr brauchte. Dann spitzte sie sich sorgfältig einen Bleistift an und begann ein Haus zu zeichnen, auch den Grundriß, den sie von Vaters Skizze abguckte, die auf ein Reißbrett gespannt war.

Vater und Stadler wechselten einen kurzen Blick. Wird sie in seine Fußstapfen treten? Auf diese stumme Frage deutete Stadlers hochgezogene Augenbraue. Vater hob ganz leicht die Schultern. Da läuft noch viel Wasser den Berg hinunter, hieß das.

Der Polier Witte betrat das Büro, ein vierschrötiger Mann mit kleinen listigen Augen, rotblondem Backenbart und breiten Händen, denen man ansah, daß sie zupacken konnten. Die Zuverlässigkeit in Person!

»Also, Meester, mit'm Umbau is alles glar. Richdfest nächste Woche. Awer jetze brauch' mir e neues Brojekt, eenen Neubau. Ham Se geheert, daß der Naether 'ne neue Willa blant? Das wär' was für mein'n Chef, sach ich.«

»Kommerzienrat Naether?« Vater wurde wach.

»Nu jo, wer heeßt denn noch so! Nadierlich der beriehmde Kinderwachenfabrigand!«

Vater sah Stadler an. Ilse musterte gespannt den jungen Wiener, der mit seiner hellblauen engen Jacke, dem schwarzen, glänzend gebürsteten Haar und dem kleinen Oberlippenbart so elegant aussah. Stadler kam des Morgens mit konstanter Unpünktlichkeit in das Büro geschlendert, ließ sich lässig auf einem Stuhl nieder und las erst mal die Journale. Vater duldete stillschweigend diesen ›Wiener Schlendrian‹, wie Mutter es geringschätzig nannte.

Er wußte: Stadler war ein tüchtiger und ideenreicher Techniker und außerdem ein guter Zeichner. Die Bauherren pflegten von seinen schwungvollen Entwürfen auf Anhieb begeistert zu sein.

»Was können wir da machen, Stadler?«

»Ich würde sagen: nix!« Der Wiener betrachtete liebevoll seine Zeichnung. »Abwarten, Chef.«

»Eine gute Nachricht ist das schon, Witte«, wandte sich Vater an den Polier. Er wollte noch etwas hinzufügen, als es klopfte. Herein trat der Tischler Porrucker, ein biederer älterer Mann, ein Kunsttischler von großem Talent. Vater hatte ihn wegen eines privaten Auftrages rufen lassen.

»Da kommste ja grade richtch, Hermann«, begrüßte ihn der Polier. Porrucker war sein Schwager. »Wir red'n gerade ieber Naether.«

»Sie arbeiten ja da, Porrucker. Wie lange schon?«

»Seit fünfundzwanzig Jahr'n. Hab' grad' Jubiläum gehabt.«

»Da kannste e bißchen Reglame for uns machen, Hermann.«

Porrucker stutzte. »Wie meenst'n das?«

»Na, du kannst dem Naether oder dein' Diregdor sach'n, daß der junge Baudechniker, der noch kurz vorm Krieche beim Stadtbauamt das Juchendheim for Naether endworfen hat, daß der jetz' Bauundernehmer is'. Vielleicht könn'n mir seine neue Willa bau'n, he?«

»Ach so«, Porrucker grinste Vater an, »verschtehe. Glar wie Gloßbriehe. Ich werd's versuchen. Mit'n Diregdor Werner, mit den wer'ch fertsch. Der hat Reschbegd vor mir.« Er streckte die Brust heraus und zwirbelte seinen Bart. »Also ...« er bemühte sich, hochdeutsch zu sprechen, um der Sache mehr Gewicht zu geben, »... wie der neulich beim Rundgang durch das Werk nach mir pfiff, hab' ich einfach weiter an meinem Brett gesägt. ›Können Sie nicht hören?‹ schreit der Werner mich an. Schreit er mich an, der Werner. Da hab' ich ihm ruhig in sein wütendes Gesicht gesagt: ›Pfeifen tut man einem Hund, aber nicht einem Menschen. Wenn Sie was von mir wollen, kommen Sie in meine Werkstatt. Also, was ist?‹ Das verschlug dem wahrhaftig die Sprache. Und seitdem ist er höflich und anständig zu mir. Man darf sich von so einem, der seine Macht spüren lassen will, nischt gefallen lassen. Endlassen dun die mich nich' bei Naethers. Zwanz'ch Leide hab' ich under mir in meiner Wergstatt. Ich hab' ooch mein'n Gram immer orndlich gemacht, ja, hab' ich!«

Porrucker blickte stolz in die Runde.

»Davon bin ich überzeugt«, sagte Vater und bot Porrucker eine Zigarre an. Er hatte mit Vergnügen zugehört, er liebte es, wenn man kein Blatt vor den Mund nahm. Morgens fuhr er oft mit dem Zug zur Baustelle, vornehmlich vierter Klasse, nur um zu hören, was die Maurer in schönstem Sächsisch so zum besten gaben.

»Wissen Sie eigentlich, Stadler, wer der Chef der Naether-Werke ist? Sie sind ja noch nicht lange in Zeitz.«

Stadler grinste: »Das ist ja, als wenn man nach Wien kommt und kennt das Sacher nicht. Auf jeden Fall *die* stadtbekannte Persönlichkeit in Zeitz. Hab' ich mir sagen lassen.«

»Den kennd doch jeder«, mischte Ilse sich ein, »un ooch den andern, der heeßt der ›Schecke‹. Wenn der Gommerzchenrad morchens mit 'n Fährdewachen in de Fabrig fährd, da renn'n de Kinder hinderher, weil er Bongbongs runderschmeißd.«

»Kannst du das gefälligst noch einmal sagen, bitte!«

Vater, der selbst nur wenig sächselte, legte Wert darauf, daß seine Tochter sich in gutem Deutsch verständigen konnte. »Schließlich lernt ihr das ja in der Schule!«

»Der Kommerzienrat Naether ist in Zeitz bekannt«, wiederholte Ilse brav auf hochdeutsch. »Er verteilt Bonbons an die Kinder, wenn er des Morgens mit dem – dem Pferdewagen in seine Fabrik fährt.«

»Na also, warum nicht gleich so?« Vater schmunzelte. Das Sächseln, das war ein bißchen Sichgehenlassen, es gab aber auch ein besonderes Heimatgefühl, ein Gefühl der Zugehörigkeit, war es nicht so?

»Der Kommerzienrat!« Vater sagte es ein wenig nachdenklich »Sein Vater war Stellmachermeister und baute so um 1850 herum Rädergestelle, die in Leipzig zu Kinderwagen verarbeitet wurden. Und trotz allgemeinen Kopfschüttelns über dieses sonderbare Gerät hielt er unbeirrt daran fest. Und das war richtig. Ilse, was meinst du, wie so ein Kinderwagen aussah?« versuchte er, die Tochter zu interessieren.

»Wees nich«, sagte Ilse lahm, »vielleicht mit 'ner Deichsel? Hab' mal was auf so 'ner Zeichnung geseh'n, von Ludwig Richter, gloob'ch.«

Porrucker nickte beifällig: »De Kleene! Is ja rischtsch. Das war'n Holzgestelle mit vier Rädern ohne Federung und mit 'ner Deichsel. Heeßt ja ooch inde Anzeichen: Älteste und größte Kinderwagen- und Holzwaren-Fabrik!«

Vater legte ihm anerkennend die Hand auf die Schulter: »Ja, die Pionierarbeit des alten Naether hat den Namen berühmt gemacht und den Weltruf der Zeitzer Kinderwagenindustrie begründet.«

»Un nu ist sein Sohn Richard Gabidalisd un schenkt der Stadt een Juchendheim, das mein Chef entworfen hat, und noch eene Badeanstalt. Dunnerlittchen, von dem missen mir een Aufdrach kriech'n, Chef!«

Witte redete sich in Eifer. Aber dann schaute er auf die Uhr, nahm seine Mütze und ging auf die Baustelle. Er hatte einen guten Abgang gehabt. Man sah es ihm an.

»Gab's denn früher keine Kinderwagen?« wunderte sich Ilse.

»Ja, für Kleinstkinder schon, aber die waren ausschließlich für die begüterten Kreise bestimmt. Bäuerinnen nahmen manchmal Handwagen, um bei der Feldarbeit die Kinder beaufsichtigen zu können. Erst mit der beginnenden Industrialisierung änderten sich die Gewohnheiten.«

»Zum Glicke«, nickte Porrucker. »Der olle Naether, der Ernst Albert, der war 'n zähes Luder. Seine ersten Erzeuchnisse hat er, zu neun aneinandergebunden, von Hand nach Leipzich gebracht.«

»Das ist noch in ganz Zeitz bekannt«, bestätigte Vater, »es gibt davon auch eine hübsche Zeichnung.«

»Hier!« Porrucker zog aus seiner Brieftasche ein etwas zerknittertes Papier hervor. »Das Bild hab'ch immer dabei.« Alle schauten auf das Blatt, sogar Fräulein Ebelt kam von ihrem Stuhl hoch. »Muß 'n kräftiges Mannsbild gewesen sein«, sagte sie anerkennend, »von Zeitz nach Leipzig zu Fuß mit neun Wagen! Das sind ja mindestens dreißig Kilometer, alle Achtung!«

»Vati, kannst du nich 'ne neue Zeichnung davon machen, weil man gar nicht viel erkennen kann?«

»Die mache ich«, erbot sich Stadler.

»O ja, und eine für mich alleine, die ich in der Schule zeigen kann, bitte, Herr Stadler.«

»Na klar doch, genehmigt«, lachte Stadler.

Ilse wandte sich zufrieden wieder ihrer Zeichnung zu. Das Haus da auf dem Papier war krumm und schief. Sie radierte alles aus und fing von vorne an.

Die Männer unterhielten sich weiter über die Zeitzer Kinderwagenindustrie und über die günstigsten Standortfaktoren, die sich ihr hier boten. Die an der Weißen Elster angelegten Weidenpflanzungen bildeten die Grundlage für das ansässige Korbmachergewerbe, die Kohle konnte von den Braunkohlegruben des Zeitz-Weißenfelder Reviers bezogen werden, und der Zeitzer Forst lieferte ausreichend Holzmaterial.

Porrucker war schon beim Verabschieden, als er sich noch einmal umwandte: »Wissen Se ooch, daß die ersten Kinderwachen bei uns bolizeiliche Nummernschilder drachen mußden? Die Beganndmachung der Naumburger Bolizei hängd bei uns im Werk aus. Fuffzehn Pfennche mußden for de Aushändchung des Nummernschildes endricht' wer'n. Zwee Kinderwachen durfden nich neben'ander fahr'n, un Zuwiderhandlungen wurden mit neun Mark bestrafd!«

»Ja, ja, die deutsche Polizei sorgt eben für Ordnung!« amüsierte sich Vater.

»Die sin ja beglobbd sin die«, war der Kommentar der Ebelt im Hintergrunde.

Porrucker hatte schon die Türklinke in der Hand, als er noch ergänzte: »Das Camburger Wochenblatt schrieb dazu: ›Nächstens werden wohl auch sämtliche Ammen und Kindermädchen mit den dazugehörenden Nummern versehen werden! Damit der Ordnung Genüge getan wird.‹ Haha, da lachste dich krumm!«

Einige Tage nach dem Besuch des Tischlers Porrucker klingelte im Büro das Telefon.

Fräulein Ebelt lief aufgeregt, ohne anzuklopfen, ins Wohnzimmer, wo der Vater die Zeitzer Nachrichten las: »Chef, ein Anruf von den Naether-Werken!«

Vater warf die Zeitung beiseite und eilte ins Büro. Direktor Werner war am Apparat: »Herr Kommerzienrat bittet Sie, am Sonntag vormittag um elf Uhr in die Villa Naether zu kommen. Ist es Ihnen recht?«

»Selbstverständlich!« Vater sagte sofort zu. »Ich stehe zu Ihrer Verfügung.« Er legte den Hörer auf die Gabel. Porrucker hatte also Wort gehalten.

»Kann ich mitkommen?« bettelte Ilse. »Im Park von Naether stehen so schöne große Bäume, gelbe, rote, lilane und grüne, in allen Farben, wie aus'm Malkasten.«

Aber Vater wehrte ab: »Das geht nicht, es ist eine geschäftliche Besprechung.«

Selten, daß er seiner Tochter einen Wunsch abschlug. Ilse fragte nicht weiter. Sie wußte, es hatte keinen Zweck.

»Nun, hast du den Auftrag für die neue Villa?« fragte Mutter, als Vater am Sonntag von der Unterredung zurückkam.

Vater nahm seinen Hut ab, setzte sich in seinen Ledersessel im Herrenzimmer und zündete sich eine Zigarette an. Ilse, die ihre Czerny-Etüden übte, klappte den Deckel zu. Wie kühl Mutter das gesagt hatte. Sie, Ilse, war viel aufgeregter. Vater sah gedankenvoll dem Rauch nach, der sich langsam auflöste. »So schnell geht das nicht, meine Liebe. Zunächst wollte mich der Kommerzienrat erst einmal kennenlernen.«

»Na, und? Wie ist dein Eindruck?«

Vater berichtete ausführlich, wie er im Vorbau der Villa empfangen wurde, einer von dorischen Säulen getragenen halbrunden Terrasse, zu der eine kleine Freitreppe führte, eingefaßt von einem schönen schmiedeeisernen Geländer. Dort saßen der Chef der Naether-Werke und Herr Werner in Korbstühlen, leger gekleidet, denn es war ein warmer Septembertag. Naether rauchte eine Zigarre, und Herr Werner bot Vater eine Zigarette an.

»Is das der, von dem Porrucker erzählt hat? Der nach ihm gepfiffen hat wie nach 'n Hund?«

»Zu mir war er sehr freundlich.«

»Und der Naether? Wie sieht der denn aus?«

»Ein würdiger Herr, nicht mehr jung, mit frischem, rötlichem Gesicht und weißem Haar. Ich muß sagen, eine imponierende Erscheinung.«

Er wandte sich an Mutter: »Und denke dir, Liesbeth, er erinnerte sich genau an den jungen Mann, der 1914 sein Jugendheim entworfen hat.«

»Und das warst du!« Ilse sah den Vater mit unverhohlenem Stolz an.

»Nun unterbrich doch nicht immer, Ilse. Entweder hältst du jetzt den Mund oder gehst zu Marie in die Küche. Bitte berichte weiter, Arthur.«

»Ich sagte schon, es war heute zunächst eine allgemeine Unterhaltung. Ich habe den Herren versichert, daß ich in der Lage sei, jede Bauausführung zu übernehmen. Naether fand meinen Entschluß gut, mich selbständig zu machen, nachdem ich den Krieg bis zum bitteren Ende mitgemacht habe. Wir sprachen dann über die schwierigen Zeiten.« Er zögerte etwas. »Naether meint, wir hätten zuviel Geld aufgenommen, auch Auslandskredite. Er sagte wörtlich: ›Der Markt, nach dem Kriege durch starken Bedarf gefördert, wird sich verlaufen, und die Schuldenlast wird bleiben. Es wird Zusammenbrüche nach dieser Scheinblüte geben.‹ Er meinte auch, sie würden nicht mehr lange auf sich warten lassen. ›Seien Sie vorsichtig, junger Mann!‹ riet er mir noch.«

Mutter sah ihn mit wachsamem Blick an. »Meinte er das allgemein, oder hatte er sich Informationen über dich eingeholt?«

Vater lächelte: »Und wenn! Wir haben doch genügend zu tun. Natürlich kann ich mich in keiner Weise mit einem Unternehmer wie Naether vergleichen, aber wer kann das schon in Zeitz? Naether beschäftigt jetzt an die 1500 Leute, und seine Kinderwagen und Kindermöbel gehen in alle Welt, sie werden sogar nach Australien und Südamerika exportiert, erzählte mir Naether.

Ich berichtete dem Kommerzienrat auch von der letzten Stadtverordnetensitzung nach der Sommerüberschwemmung und Verschmutzung unserer Weißen Elster. In Crossen stand ja im August einmal wieder die Hauptstraße ganz unter Wasser. Die Abwässer der Färbereien, Beizereien, Brikettfabrikation und der chemischen Industrie in Zeitz machen bis zu einem Drittel des mittleren Wasserstands aus. Das ist vom Standpunkt der öffentlichen Gesundheitspflege unerträglich. Der Kommerzienrat unterstützt daher, wie er mir versicherte, den geplanten Staatsvertrag der Regierungen Preußen, Sachsen und Thüringen zum Zwecke der Bildung einer Reinhaltungsgenossenschaft.«

»Rein-hal-tungs-genossenschaft!« echote Ilse.

»Was heißt das? Glaubst du, die können den Schlamm und den üblen Geruch der Abwässer am Elsterufer beseitigen?« meinte Mutter skeptisch und ohne großes Interesse an diesem Thema.

»Begradigung des Flußufers und Eindeichung«, murmelte Vater, »wäre erforderlich.« Und er fuhr fort: »Einer der Stadtverordneten, Dr. Körber, las eine Verfügung vor, die allgemeines Erstaunen hervorrief; denn sie stammt von Kaiser Friedrich II. aus dem Jahr 1230! Ich habe diesen bemerkenswerten Text abschreiben lassen. Er lautet:

Wir sind bestrebt,
die uns durch Gott
geschenkte
Gesundheit der Luft
durch unsere Vorsorge,
soweit uns dies möglich ist,
rein zu erhalten.
Wir verfügen deshalb,
daß es niemandem
gestattet ist,
in Gewässern, die
weniger als eine Meile
von einer Ansiedlung
entfernt liegen,
Flachs oder Hanf
zu wässern, weil dadurch
die Beschaffenheit
der Luft
ungünstig verändert wird.

Es hat mich überrascht, daß man sich schon damals mit solchen Fragen befaßt hat.« Vater blickte Mutter fragend an. Sie äußerte sich nicht dazu. So konnte Ilse die Frage stellen: »Und der Naether-Park, Vati? Der mit den vielen bunten Bäumen?«

»Er ist wunderschön, Ilse. Da gibt es herrlich gewachsene Bäume, auf die der Kommerzienrat auch sehr stolz ist. Er erzählte mir, daß er einen Münchner Gartenarchitekten beauftragt hatte, die Bäume nach den Herbstfarben auszuwählen. Da gibt es Eichen, Kastanien, die zweitausend Jahre alt werden können, Silberpappeln, Zypressen, Koniferen, immergrüne Nadelhölzer und riesige ausländische Gewächse, deren Namen ich nicht kenne. Die Farbabstufungen sind einfach phantastisch. Genau wie aus dem Malkasten, wie du sagtest.«

»Und gibt es da auch Tiere, Vati?«

»Du meinst, weil so das Paradies aussehen müßte? Vögel gibt es, auch Nachtigallen, aber die schlagen jetzt nicht mehr. Darum duldet Naether auch keine Katzen in seinem Park.«

»Ach, da freue ich mich für unsere Miezi, daß wir keinen solch schönen Park haben, bloß einen Garten, aber mit Tieren«, sagte Ilse. »Vati, macht der Naether außer Kinderwagen und Puppenwagen auch Tretroller?«

»Wie kommst du denn darauf?«

»Weil ich mir einen Tretroller zum Geburtstag wünsche!«

Mutter stand auf. »Im Wünschen bist du groß! Wir wollen jetzt essen.«

Am Nachmittag holte Ilse ihren Malkasten und begann ein Bild zu malen mit roten, gelben und grünen Bäumen. Und mit lila Bäumen, die gefielen Ilse am besten. Dann malte sie auch ein Haus. Aber es wurde krumm und schief, sie wollte es ausradieren. Doch es gelang ihr nicht ganz. Die Konturen blieben immer noch sichtbar. Nein, es war kein schönes Bild. Ilse nahm das Blatt, zerknüllte es und warf es weg.

Der Bubikopf

November 1923

Nicht was schön ist, ist Mode, sondern was Mode ist, ist schön.

Ilse huschte nachmittags gerne in das Büro hinein, spitzte Bleistifte, half Briefmarken kleben und heftete die Lichtpausen auf das Zeichenbrett. Vater und Herr Stadler waren fast nur mit Naethers Bauplänen beschäftigt, obgleich noch kein offizieller Auftrag vorlag.

Der eigentliche Grund für Ilses Eifer war aber Fräulein Ebelt. Sie trug seit kurzem eine Ponyfrisur und sah damit sehr schlank und flott aus. »Rassig«, fand sogar Stadler, und die Maurer pfiffen anerkennend, als Fräulein Ebelt mit dem glatten Bubikopf aufkreuzte.

Tante Hildchen hatte natürlich als erste den kessen Haarschnitt getragen, und Onkel Fred war sehr stolz auf sie, wenn sie gemeinsam ausgingen und bewundernde Blicke das schicke Hildchen trafen.

»Ich möchte auch einen Bubikopf!« quälte Ilse die Mutter.

Die wehrte sofort ab: »Aber Kind, alle bewundern deine blonden Zöpfe. Ich denke nicht daran, deine schönen langen Haare zu opfern.«

Bei Marie fand Ilse dagegen unerwartet Unterstützung: »Buwikobb is scheen un ooch bragdisch. Bleib nur dran, gonnsekwänd.«

Der wahre Grund lag wohl darin, daß Marie dem Kind beim Haarewaschen helfen mußte. Und dann das Trocknen und Auskämmen. Jedesmal gab es Krach, wenn es ziepte.

Ilse konnte recht zäh sein, wenn sie etwas erreichen wollte. Sie entschied sich für Totalverweigerung: Sie aß nicht, machte keine Schularbeiten, half nicht im Garten. Die einzige kreative Handlung war, daß sie ihrer Lieblingspuppe die schönen langen Locken abschnitt. Die sah nun aus wie ein gerupftes Huhn. Zum Erfolg führte schließlich eine andere Taktik: Sie hatte auf einmal mysteriöse Stellen am Kopf, die fürchterlich juckten. Ilse versuchte, sich die Haare gleich büschelweise auszureißen. Aber das tat doch sehr weh.

»Ist das Kind aber nervös!« ärgerte sich der Vater, wenn Ilse sich dauernd am Kopf kratzte.

»Haste Läuse?« fragte Marie und untersuchte eingehend Ilses Scheitel.

Das führte endgültig dazu, daß Mutter mit ihrer Tochter zum Friseur ging. Er war aus Leipzig und galt als Künstler in seinem Fach. Mutter ließ sich gerne von ihm ihre langen, fast schwarzen Haare frisieren.

Außerdem war er Stadtverordneter wie Ilses Vater. So ging der Gesprächsstoff nicht aus.

Aber heute drehte sich alles um den Bubikopf.

»Warum schneiden sich bloß die Frauen und Mädchen ihre Haare ab? Ist das nicht der schönste Schmuck der Frau?« fragte sie den Haarkünstler.

»Tja, der Bubikopf ist nun mal Mode geworden, und er wird seinen Siegeszug durch die ganze Welt machen«, meinte der Friseur mit Überzeugung und nahm Ilses Zöpfe in die Hand, die brav vor dem Spiegel saß, einen weißen Umhang um die Schultern. Blaß und ängstlich beobachtete sie im Spiegel das Gesicht der Mutter. Wenn bloß nicht im letzten Augenblick etwas dazwischenkam!

Und richtig. Mutter versuchte noch einmal, einen Riegel davorzuschieben. Wegwerfend meinte sie: »Ach, eine Mode geht auch bald vorbei, und dann wird es dir leid tun.« Strafend sah sie ihre Tochter an.

»Das glaube ich nicht.« Der Friseur begann Ilses Zöpfe zu öffnen und das lange, blonde Haar über den Umhang auszubreiten. »Wirklich schönes Haar«, murmelte er leise. Aber dann lauter: »Sehen Sie, eine Mode ist immer mehr als nur die Laune der Modeschöpfer, die den Wechsel lieben. Das kurzgeschnittene Haar ist sicherlich auch Sinnbild eines neuen Wertgefühls der Frau, die sich schon äußerlich als Kameradin des Mannes kennzeichnen will.«

»Kameradin des Mannes? Sie meinen, die Frauen sind selbstbewußter geworden? Das hängt mit dem Krieg zusammen, als sie allein ihren Mann stehen mußten. Das schwache Geschlecht hat sich als das starke erwiesen.«

»Die Frauenemanzipation schreitet vorwärts«, ergänzte der Friseur.

»Emanzipation, auch so ein Modewort!« sagte Mutter verächtlich.

»O nein, es ist mehr als das. Die Frauen kämpfen um neue Rechte, wenn man auch hier in Zeitz nicht viel davon merkt. In Leipzig hatte ich Kundinnen, die zu dieser Frauenbewegung gehörten und die mir versicherten, die Emanzipation sei nicht aufzuhalten. Es gibt ja schon Frauen als Minister und Botschafter. Und diesem Machtfaktor müßte auch die Mode und Haarkunst Rechnung tragen.« Er fuchtelte begeistert mit seiner Schere.

»Wenn er bloß endlich schneiden würde«, dachte Ilse.

»Was die Mode angeht, da bin ich auch für die neue Frauenbewegung«, gab Mutter zu. »1914 zwängte man sich noch in enge Korsetts und trug riesige Hüte. Dann hieß es drei Jahre später: Der Krieg ist lang, aber die Röcke sind kurz. Jetzt sind sie mir aber zu kurz«, setzte sie energisch hinzu. Sie dachte wahrscheinlich an Hildchen. Der Friseur lachte: »Stellen Sie sich mal einen Charleston im langen Rock vor! Nein, ich finde diesen schlanken Girltyp, der aus Amerika kommt, sehr interessant.« Er genoß sichtlich die gekonnte Formulierung.

Ilse spitzte die Ohren. Sie würde morgen zu Ulla sagen, daß sie ganz und gar nicht dem neuen Girltyp entspräche. Die ließ sich ja nicht die Haare abschneiden.

»Aber werden die Friseure denn nicht arbeitslos, wenn alle Frauen Bubikopf tragen? Wo bleiben die schönen, kunstvollen Frisuren?« Mutter betrachtete ihr onduliertes Haar zufrieden im Spiegel. Das war doch noch eine Frisur. Wieviel Mühe gab sie sich, um das lange Haar aufzustecken. Und sah es nicht schön aus in seinem dunklen Glanz? Und Vater liebte es.

»Arbeitslos? Das haben wir zuerst auch befürchtet, aber das Gegenteil ist der Fall. Die kurzen Haare wachsen ja unregelmäßig nach, sie müssen besonders gepflegt werden. Und es gibt ja auch verschiedene Frisuren: à la garçonne, die Tangofrisur, dann die lockere mit Seitenlöckchen oder mit vollem Pony bis an die Augen, immer dem Typ entsprechend. Formtrends von Mode, Architektur und Sport ergänzen sich wechselseitig.«

»Das hat er aber irgendwo gelesen und auswendig gelernt«, dachte Ilse. »Wenn er bloß endlich schneiden würde! Jetzt überlegt Mutter noch, ob der Bubikopf zu teuer würde, wenn er immer geschnitten werden müßte.«

Aber Mutter dachte an etwas anderes. »Waren die ersten Automobile um 1900 deshalb so hochgebaut wie Pferdekutschen, weil die Frauen diese großen Wagenräder auf dem Kopf trugen?«

»Das ist gut möglich«, lachte der Friseur. »Aber seitdem die Damen in offenen Tourenwagen fahren und sich sogar an Rennen beteiligen, passen doch Bubikopf und Glockenhut vorzüglich dazu.«

Ja, der Friseur aus Leipzig wußte gut Bescheid. Er kam schließlich aus der Großstadt. Mutter war beeindruckt.

»Also gut! Schneiden Sie ihr den Bubikopf! Das Kind ist ja ganz verrückt danach.«

Ilse spürte die kalte Schere im Nacken, hörte das leise Knirschen, sah die Haare fallen. Sie fühlte sich immer leichter. Mutter betrachtete ihre Tochter skeptisch: »Na, wie Asta Nielsen siehst du nicht gerade aus.«

Nicht einmal wie Hildchen! mußte Ilse sich eingestehen. Aber chic war er schon, der Bubikopf. Wenn sie den Kopf schüttelte, flogen die Haare.

Ilse stellte sich im Büro vor. Keiner bewunderte sie. »Schade um deine blonde Mähne, so 'n schönes Haar«, meinte Fräulein Ebelt kurz und wandte sich wieder ihrer Schreibmaschine zu.

»Fesch«, sagte Herr Stadler, »aber mit blondem Goldhaar warst du ein Engerl!«

Nur Marie war zufrieden. »Bragdisch«, sagte sie. Mehr nicht. Ilse konnte kaum einschlafen. Ihr Kopf war so leicht ohne die schweren Zöpfe. Sie strich sich immer wieder über das glatte Haar.

»Herrjeh, Ille, wo hast'n deine Zöbbe?« rief Hannelore am nächsten Tag, als Ilse mit stolz erhobenem Kopf die Klasse betrat. »Jetzt könnt ihr zwee Beede als Max un Moritz aufdreden.« Ulla hatte ihr Haar hochgebunden, und in der Mitte guckte ein Haarbüschel wie ein Rattenschwanz heraus.

»Ihr seid ja bloß neidisch«, wehrte sich Ilse. »Das is der neue Görltüp!«

Als auch noch Vater, der von einer Fahrt nach Leipzig zurückkam, sie am Nachmittag begrüßte: »Nanu, is das meine Tochter? Diese kleine Spitzmaus!«, fing sie an zu weinen. Er nahm sie in den Arm: »Na, na, du siehst ja ganz niedlich aus mit deinem Ponyschnitt.«

»Und du kitzelst so mit deinem Bart«, konterte Ilse.

Mutter kam aus dem Wohnzimmer. »Habt ihr schon Fred gesehen? Jetzt hat er auch einen Bart. Genau wie Valentino.«

»Woher weißt du denn das?« fragte Vater amüsiert.

»Hier!« Mutter wies auf die ›Berliner Illustrirte‹, die sie in der Hand hatte. »Sein Foto! Und gleich ein Kommentar dazu: *Seit etwa anderthalb Jahrzehnten hat es keine Bartmode mehr gegeben. Der Bart war unmodern geworden. Höchstens ein dürftiger Rest auf der Oberlippe wurde noch geduldet, auch dieser wurde immer kürzer und schmaler und seltener.«*

Ilse sah den Vater an. »Dann warst du schon immer ein seltener Typ. Ich kenn' dich nur mit Bart.«

»Und da ihr Frauen dem Haar nicht erlaubt, auf dem Kopf zu gedeihen, wird es euch auch bald auf dem Gesicht und dem Körper wachsen. Ihr werdet Schnurrbärte bekommen!« lachte Vater. »Stammt übrigens nicht von mir, sondern von einem amerikanischen Vizepräsidenten.«

»Bei mir wirst du das nicht erleben«, sagte Mutter und hob den stolzen Kopf noch höher. »Aber nun kommt endlich rein. Es gibt Streuselkuchen.«

Ilse langte sich gleich ein Stück ihres Lieblingskuchens vom Teller. ›Krümelkuchen‹ – das war doch sehr tröstlich auf all die Enttäuschungen! Aber heute war doch nicht Sonntag?

»Das nicht, aber hast du denn keine Augen?« Mutter wies auf den hübsch gedeckten Tisch.

Ach so – ja, da stand ein neues Kaffeeservice. In der Mitte thronte wie eine Königin in weißem Gewand eine edel geformte Kaffeekanne mit goldenem Henkel und Goldkrönchen. Das Rosendekor, zartrosa und mit sanftem Rankengrün, war auch auf allen Tassen und Tellern zu finden.

Ilse drehte eine der weiß-rosa Tassen um: »Da steht R. C. mit zwei gekreuzten Linien, drüber schwebt 'ne Krone, und darunter steht in goldener Schrift: Alt Franken. Kommt das aus Frankreich?«

»Nein, das ist ein Rosenthal-Service«, sagte Mutter sehr betont und wandte sich dann an Vater: »Sollte ich das nicht erst zu meinem Geburtstag bekommen?«

»Die Inflation zwingt uns noch immer zur Flucht in die Sachwerte, meine Liebe. Darum habe ich es heute schon gekauft. Bei unserm Freund Lewerenz.«

»Und wie viele Millionen hat es gekostet?«

»600 Milliarden Mark. Als Lewerenz es einpacken ließ, stand der Dollar inzwischen fünfzehn Prozent höher. ›Da hast du's billig, Arthur‹, meinte er bloß trocken.«

»Verrückt«, lachte Mutter und schenkte sich Kaffee aus der neuen Kanne ein. Sie genoß ihn sichtlich.

War die neue Frisur auch eine Flucht in die Sachwerte? Ilse konnte sich darunter nichts vorstellen.

»Na siehst du, meine Liebe, wie richtig ich gehandelt habe«, sagte Vater einige Tage später zu Mutter.

Die Inflation hatte ihr Ende gefunden: Die Rentenmark wurde eingeführt.

Ilse hörte zu, wie Vater und Stadler im Büro darüber redeten. »Gut, daß der Hjalmar Schacht und der Karl Helfferich diese Inflations-Seifenblase endlich zerplatzen ließen.«

»Hoffentlich wird das Klimpergeld sich bewähren und ein reguläres Wirtschaftsleben wieder in Gang bringen«, meinte Stadler mit einem Blick in die Zeitzer Nachrichten. »Es kommt darauf an, daß wir der neuen Mark unser Vertrauen schenken.«

Klimpergeld? »Zeig mal, Vati!«

»Ja, guck dir das neue Geld genau an.«

»Is das echtes Gold?« Ilse nahm einen Groschen in die Hand.

»Der ist aus Kupfer und Aluminium. Siehst du da auf der Rückseite sechs gekreuzte Ähren? Sie sollen die Fruchtbarkeit der deutschen Erde symbolisieren. Und nun dreh mal um. Und was liest du auf der Vorderseite?«

Ilse buchstabierte: »Deutsches Reich. Zehn Rentenpfennig.«

»Faßt sich gut an, nicht? Münzen werden aus Edelmetallen geprägt, aus Silber, Kupfer, Zinn, Zink, das nennt man Legierung. Hier, die neue Mark, die ist aus Silber und Kupfer. Siehst du den Reichsadler? Der ist zwar nicht so hübsch wie die Götterköpfe auf griechischen und römischen Münzen, aber doch besser als die Papierfetzen mit den vielen Nullen, was, Stadler?«

Der nickte: »Das müßte eigentlich gefeiert werden.«

»Nu, freilich, das hammer verdiend. Mach' mer jetzt Feierahmd, Chef?«

Fräulein Ebelt deckte ihre Schreibmaschine zu und richtete ihre Ponyfrisur vor dem kleinen Wandspiegel zurecht. Vater zog die Geldbörse aus der Tasche. »Ilse, hier hast du sechs Groschen. Dafür holst du von Klebe ein paar Berliner, und Marie soll uns 'ne Tasse Kaffee kochen, aber keinen Bliemchen!«

Ilse betrachtete das ›Klimpergeld‹ in ihrer Hand.

»Vati, sind wir jetzt arm?«

»Die Milliarden sind weg, aber das war ja bloß noch wertloses Papier. Jetzt fangen wir neu an, wir alle. Mit echten Kupfergroschen.«

Seine Stimme klang heiter. Das beruhigte Ilse sehr. Dann konnte man ja den Friseur wieder besuchen.

Wenn er nun auch keine Millionen mehr bekam, sondern nur ein paar Groschen. Oder höchstens eine Mark.

Man müßte Klavier spielen können

Winter 1923

Zivilisation ist, wenn man ein Klavier besitzt.
Kultur ist, wenn man darauf spielt.

Mit gewohnt säuerlicher Miene blickte der Klavierlehrer seine Schülerin an, als er die Türe öffnete; die Mißliebigkeit war auf beiden Seiten: Ilse mochte den hageren Studienrat nicht, der schon in der Schule, als er noch unterrichtete, wenig beliebt gewesen war.

»Da biste, wieder zu spät!« Er blickte auf die Wanduhr. Ilse meuterte: »Die geht vor. Mindestens vier Minuten.«

Sie mußte husten. Seine Stube strömte einen süßlich-muffigen Geruch aus und war voller Zigarrenrauch. Der hing ständig in den Samtportieren und kam ihr sogar aus dem grünen Filzläufer entgegen, wenn sie den Klavierdeckel aufschlug.

»Erst holste mir mal ein Brot und zwei Brötchen vom Bäcker!«

Ilse zog den Mantel wieder über die Schultern. Sie schob die Lippe vor: Immer mußte sie Botengänge für Herrn Köhler verrichten. Durfte sie das eigentlich? Schließlich zahlten die Eltern für eine Stunde Klavierunterricht und nicht für zehn Minuten Einholen.

Aber sie wagte keinen Widerspruch, denn dann wurde dieser Mann ganz unleidlich. Etwas Gutes hatte der Auftrag ja auch: Die verhaßte Stunde wurde dadurch etwas kürzer.

»Endlich«, knurrte der Klavierlehrer, als Ilse mit den Brötchen erschien. »Setz dich!« Während das Kind zu spielen begann, kaute er auf einem Brötchen herum. Ilse haßte diesen verkniffenen Mund mit den schlechten Zähnen, sein Atem war widerlich, wenn er sich über sie beugte.

Sie hatte ihre Etüde fleißig geübt. Aber seine Strenge und die Luft in diesem dunklen Zimmer, das anscheinend nie gelüftet wurde, schüchterten sie ein, so daß sie nur stockend spielte und ab und zu danebengriff.

»Ich habe dir gesagt, daß du die Hand rund machen sollst, so . . .« Er krümmte seine vom Rauchen bräunlichen Raubvogelfinger, »aber du kannst ja nicht hören.« Seine Augen, rotgeädert im gelblichen Weiß, wurden ganz schmal. »Jetzt versuchen wir's mal anders.«

Er nahm drei Stecknadeln aus einem Nadelkissen, das auf dem Vertiko stand, und hielt sie über den Tasten unter Ilses rechte Hand.

»So, und nun spiel das Adagio, Seite sechs.«

Ilses Hände wurden kalt und steif. Sie versuchte zu spielen. »Au . . .« Da hatten die Nadeln zugestochen.

Dieser Teufel.

»Ich kann so nicht spielen«, wehrte sie sich und spürte, daß ihr die Tränen kamen. Nur nicht weinen! Das würde ihn noch boshafter machen.

»Los, dann versuch es ohne, aber nimm dich endlich zusammen!«

Er verzog sich ans Fenster und bearbeitete mit einem Zahnstocher seine Zähne. Ilse hörte das Zungenschnalzen, aber sie überspielte das Geräusch. Jetzt, wo Herr Köhler nicht mehr neben ihr stand, spielte sie besser.

Der Klavierlehrer hörte sowieso nur noch mit halbem Ohr zu. Er hatte sich eine Zigarre angezündet und blickte aus dem Fenster. Einmal öffnete er es und schrie die Jungen an, die auf der Straße spielten.

Sein pädagogisches Interesse ließ merklich nach, sobald die Stunde sich ihrem Ende näherte. Dann zog er seine Uhr aus der Tasche – ohne auf die Wanduhr zu blicken – und sagte: »Schluß für heute!«

Es war noch fünf Minuten vor der vollen Stunde – Brötchenholen eingerechnet.

Ilse schloß aufatmend den Deckel. Sie war frei. Im Flur rutschte sie das Treppengeländer herunter. Das war das einzige, was sie in diesem muffigen Haus mochte. Es war schokoladenbraun und glänzend und sah in seiner runden Form wie eine endlose Reihe von ›Liebesknochen‹ aus, die Ilse so gerne aß.

Eigentlich hatte sie vorgehabt, den Eltern nichts von den sonderbaren Methoden des Studienrats Köhler zu erzählen. Aber sie spürte noch immer das Pieken der Nadeln in der Hand. Jetzt reicht's, dachte sie.

Mutter war empört, und Vater ärgerte sich sehr. »Warum hast du mir nicht früher von den seltsamen Lehrmethoden dieses Herrn erzählt?«

»Umsonst wurde er ja wohl nicht vorzeitig aus dem Schuldienst entlassen«, sekundierte Mutter, »wir hätten uns eher über ihn erkundigen sollen.«

»Also zu dem gehst du nicht mehr!« bestimmte Vater.

Ilse war glücklich. Aber Mutter fragte schon weiter: »Wer soll sie nun unterrichten?«

Hedy, die gerade zu Besuch war und alles mit angehört hatte, sagte etwas schüchtern: »Also, bis ihr einen neuen Klavierlehrer gefunden habt, könnte ich ihr ja Stunden geben.«

»O ja, Tante Hedy!« Ilse schlang ihre Arme um den Hals der jungen Frau. Mutter sah nicht gerade erfreut aus. Aber Vater ignorierte den unwilligen Blick seiner Frau: »Na wunderbar! Das Angebot wird angenommen.«

»Dann fangen wir gleich morgen an«, schlug Hedy vor.

»Morgen kommt Heinrich«, warf Mutter ein

»Na, und? Was hat das mit Ilses Klavierstunde zu tun?« fragte Vater. »Es bleibt dabei: Ihr beginnt morgen.«

Ilse übte an diesem Tag noch fleißig ihre Czerny-Etüden. Als Tante Hedy am nächsten Tag kam, gab Ilse sich redlich Mühe, um ihr zu gefallen. Und sie erntete auch Lob für ihr Spiel.

Hedy hatte Noten mitgebracht, die sie nie bei Herrn Köhler gesehen hatte. Mendelssohn: Lieder ohne Worte. Die Loewe-Balladen gefielen ihr schon besser, da konnte man den Text gleich lesen. Wie bei der ›Uhr‹: *Ich trage, wo ich gehe, stets eine Uhr bei mir . . .* Ilse mußte kichern, sie dachte an die Uhren ihres verflossenen Klavierlehrers. ›Tom der Reimer‹ – oh, das war hübsch. *Der Reimer Thomas lag am Bach . . .* Das erinnerte sie an ihre Ausflüge in das Mühltal. Und das weiße Roß an Hans – obgleich der ja kein Schimmel war. Aber sie ritt doch auch wie die Elfenkönigin. Ach ja, die Elfenkönigin, von der sie immer geträumt hatte, wenn sie im Gras lag. Gab's die wirklich?

»Tante Hedy, spiel doch mal von der Elfenkönigin!«

Hedy tat ihr den Gefallen. Sie spielte gut und hatte eine schöne Stimme. ». . . und wenn sie leis' am Zügel zog, erklangen hell die Glökkelein!«

Ilse drückte sich an Hedy: »War das hübsch, sing noch was!« Hedy lachte: »Nennst du das Klavierstunden? Na gut, machen wir eine kleine Pause. Aber dann wird weitergeübt.«

Sie schlug ein paar Takte an, ließ die Hände sinken. Ihren hübschen, weichen Mund umspielte ein eigenartiges Lächeln. Und dann sang Tante Hedy:

»Ich hab' amal ein Räuscherl g'habt. Wie oft denk' ich daran zurück, denk' an die wunderschöne Nacht, denk' an die Stund' voll Lust und Glück. Haha haha . . .« Perlend kam Hedys Lachen. Und dann etwas wehmütig: »Wie kann denn solches Glück vergehn? Ich hab' ihn nimmermehr gesehn seit jener wundervollen Nacht, und hab' auch nimmermehr so g'lacht. Hahahaha . . .«

Ilse hörte hingerissen zu. Sie spürte, daß dies ein besonderes Lied für Hedy war. Das letzte »Hahahaha . . .« klang gar nicht mehr so lustig

Plötzlich stand Mutter in der Tür. Sie lächelte mokant. Hedys Hände glitten von den Tasten, sie faltete sie erschrocken.

»Sieht so dein Klavierunterricht aus, liebste Schwägerin? Ich fürchte, was du da singst, eignet sich nicht gerade für eine Zehnjährige.«

Ilse haßte die Mutter in diesem Augenblick für diese leise gesprochenen, aber scharfen Worte. Hedy sagte nichts. Sie wurde blaß, stand auf und schloß den Klavierdeckel.

»Wo gehst du denn hin, Tante Hedy, bleib doch bitte. Ich . . . ich üb' auch die letzte Etüde noch mal . . .«

Hedy stieß an der Tür mit Vater zusammen. Er kam aus dem Büro und zeigte eine strahlende Miene: »Kinder, es sieht so aus, als ob ich den Auftrag bekomme!«

»Welchen Auftrag, Arthur?«

»Ich bitte dich, Liesbeth. Es geht doch nur um den einen Auftrag, von dem wir im Augenblick reden: von den Naether-Werken. Morgen um zehn Uhr bin ich wieder zum Kommerzienrat bestellt.«

Über Hedys Gesicht glitt ein strahlendes Lächeln, aber Mutter sagte nur: »Na, es wird auch Zeit, daß du wieder ein lohnendes Projekt an Land ziehst.«

Ilse sah Vater an: Warum war Mutter nur immer so hart?

Hedy sagte herzlich: »O Arthur, ich wünsche so, daß es klappt.«

Er lächelte seiner Schwester zu: »Wie wär's mit einer Tasse Kaffee, aber keinen ›Bliemchen‹?«

»Bitte, Tante Hedy, dann kannst du doch noch bleiben.«

»Und Heinrich kommt auch«, sagte Mutter, dabei sah sie an Hedy vorbei.

Als Marie den Kaffeetisch deckte, meldete sich der Besuch. Mutter taute sichtlich auf:

»Was gibt's Neues in Aylsdorf?«

Eigentlich hatte sie, die ältere Schwester, kein inniges Verhältnis zu dem Bruder, und sie mißtraute seinem kritischen intellektuellen Geist. Es erfüllte sie mit Neid auf den Hätschelsohn, der studieren durfte, während die Schulbildung seiner Schwestern vernachlässigt wurde: Mädchen hatten zu heiraten, bekamen eine gute Aussteuer und durften einen Haushaltskursus in Nähen und Kochen absolvieren.

Für Mutter mit ihrem glasklaren Verstand war das nicht genug. Aber Ilse konnte das damals nicht verstehen.

Sie sah von einem zum andern: Wie verschieden sie doch alle waren! »Was beäugst du uns so eindringlich?« fragte Hedy und strich ihrer Nichte zärtlich über das Haar.

Sie reckte sich wie eine Katze – wie gut das tat. »Ihr seid euch gar nicht ähnlich. Vati ist blond und hat blaue Augen.«

»Wie du, Ilschen.«

»Und du, Tante Hedy, du hast dunkles Haar und braune Augen und siehst so ganz anders aus als wir. Wenn du lachst, hast du zwei Grübchen im Kinn, da und da!«

Heinrich warf Hedy einen langen Blick zu: »Hohe Wangenknochen, ein weicher sinnlicher Mund, ein dunkles Lachen – der slawische Charme der Hedy Böhme.« Es sollte scherzhaft klingen, aber da schwang doch ein anderer Unterton mit.

»Wieso slawisch? Hedy ist doch eine Deutsche!« fragte Ilse.

»Vielleicht war der Urahn ein slawischer Häuptling, wer will's wissen? Im Bereich des Möglichen liegt es durchaus. Schließlich war Zeitz ursprünglich eine Siedlung der Wenden, die gegen Elster und Saale vordrangen.«

»Das ist doch schon so lange her«, warf Mutter ein.

»Was sind Jahrhunderte, was ist ein Jahrtausend, liebe Schwester? Die Wenden wurden wahrscheinlich vom Fischreichtum der Flüsse und dem Wildreichtum unserer riesigen Wälder angezogen. Der Name Zeitz deutet ja auch auf eine slawische Gründung hin, und eine Menge Dörfer mit slawischen Namen versammelten sich rings um Zeitz, um die Stadt Zitici.«

»Von wo kamen denn die Slawen?« wollte Ilse wissen.

»Sie kamen von der Wolga und dem Schwarzen Meer, zogen nach Norden und stießen bis zur Ostsee vor, westlich eben zu Elbe und Saale.«

Ilse begann zu singen: »An der Saale hellem Strande stehen Burgen stolz und kühn . . .«

»Na, diese Burgen wurden später gebaut, als die Wenden von den Sachsen und Franken christianisiert wurden«, warf jetzt Vater ein. »Die Wendenzüge waren im siebenten Jahrhundert, und zweihundert Jahre später gab es hier gute deutsche Bürger, die Ackerbau und Viehzucht und vor allem Handel betrieben. Von denen haben wir wohl ein gutes Teil unserer deutschen Tüchtigkeit geerbt.«

»Bloß mit ihrer Wortbrüchigkeit waren die Wenden oft verhaßt, aber ihre Frauen und Mädchen waren nicht übel«, grinste Heinrich.

Ilse hatte gut zugehört. »In der Schule hab'n wir von Bischof Dietrich gelesen, der von einem Wenden erstochen wurde, als er in der Kirche betete. Aber ich weiß auch von Käselieb, der war auch ein Wende, aber ein guter Mann. Die Geschichte steht in meinem Lesebuch.«

Mutter, die nun in Ruhe ihren Kaffee trinken wollte, sagte: »Dann hol es her, Ilse, und lies sie uns vor.«

»Muß das sein?« fragte Heinrich. Er wäre wohl viel lieber mit Hedy in den Garten gegangen. Aber Ilse hatte schon das Buch geholt und las:

»Der Bauer Käselieb war Christ, aber seine einzige Tochter opferte den heidnischen Göttern im ›heiligen Hain‹. Der Priester Bosau wollte die Heidin bestrafen, aber damit seiner Tochter die Sünde vergeben würde, trug Käselieb mit seinem Gespann zum Bau des Gotteshauses täglich Steine herbei. Und als die Kirche fertig war, besaß er nichts mehr, denn er hatte sich um seine Wirtschaft nicht mehr gekümmert. Als Kaiser Otto zur Einweihung der Kirche kam, entdeckte er das steinerne Bild des Wendengottes und schleuderte seinen Spieß danach. Dabei tötete er Käseliebs Tochter, die sich hinter dem Steinbild versteckt hatte.«

»Ja, und dann schenkte der Kaiser dem Käselieb einen neuen Bauernhof und ließ von einem Steinmetz eine Figur dieses braven Mannes anfertigen. Über der Empore der Schloßkirche von Zeitz kann man noch heute eine kleine buntbemalte Stein-Plastik sehen mit dem Schriftband: Ich heyse Keeselieb«, sagte Vater.

Marie räumte das Kaffeegeschirr ab, ein Zeichen auch für Heinrich zum Aufbruch. Er warf Hedy noch einen tiefen Blick zu: »In den Semesterferien gehe ich nach Gotha. Als Hilfsarbeiter im Schloß. Sehr interessant, vor allem das berühmte ›Gothaer Liebespaar‹. Schon was davon gehört, Hedy?«

»Nein«, sagte Hedy errötend.

»Und was willst du da machen?« fragte Mutter.

»Weeß ich noch nich, is mir ooch egal. Muß mir ’n paar Groschen verdienen. Mein Freund is dort Bibliothekar, da wird’s schon was für mich zu tun geben. Schloß Friedenstein hat ja eine der größten Bibliotheken Deutschlands, die der Herzogin von Coburg-Gotha gehört, und außerdem eben die Gemäldegalerie mit dem Liebespaar.«

»Wie interessant«, echote Hedy.

Ilse stellte ohne Absicht die Weichen: »Können wir dich da mal besuchen? Vielleicht sehen wir dann die Herzogin?«

»Nee«, lachte Heinrich, »die wohnt in Coburg oder in einem ihrer anderen Schlösser. Aber besuchen könnt ihr mich trotzdem, alle!«

Und damit war er verschwunden.

»Ich muß auch wieder ins Büro«, sagte Vater.

Hedy hakte sich bei ihm unter. »Ich gehe gleich mit, Arthur.«

Vor der Bürotür stand Stadler. Er sah ein wenig verlegen aus, dann trat er auf Hedy zu und sagte: »Küß die Hand, Gnädigste. Ich hab’s gehört, als Sie gesungen haben: I hab’ amal a Räuscherl g’habt. Hat mich direkt heimatlich berührt. ’s war herzig, so herzig . . .« Und er beugte sich über Hedys Hand. Mutter, die zu Marie in die Küche ging, sagte laut und vernehmlich: »Nein, o nein, nicht schon wieder . . .«

Heimatkunde
Frühling 1924

Der Jugendfreund, der Schulfreund, wird nicht vergessen, denn er hat etwas von einem Bruder an sich.
Jean Paul

In diesem Winter gab es kaum Schnee, zumeist Tauwetter und Regen. Was vor allem Ulla betrübte, die ihre funkelnagelneuen Schlittschuhe ausprobieren wollte, aber es gab nur wenige Tage Frostwetter. Der Frühling kam dann geradezu über Nacht mit abwechselnd Regen und Sonnenschein und mit dem Leierkastenmann, der vor den Häusern und in Hinterhöfen der Posaer Straße Gassenhauer spielte. Ilse fuhr mit dem neuen Fahrrad, das sie trotz mittelmäßiger Zeugnisse bekommen hatte – in Erdkunde und Handarbeit eine Vier –, freihändig die Wilhelmstraße hinunter, und manchmal durfte Ulla auf dem Hinterrad hocken, »wie der Affe uff'n Schleifstein«, spotteten die Klassenkameraden.

Ilse war in der Klasse nicht unbeliebt, aber zu verträumt, um sich hervorzutun. Die vitale Hannelore und die frech-draufgängerische Edith, eine Pastorentochter, waren die dominierenden Klassenheldinnen, mit immer frischen Ideen, wie man Lehrerinnen ärgern und allerlei Jux veranstalten könnte. In der Erdkundestunde malte Ilse in ihren Atlas eine große 10 auf die Deutschlandkarte: Die erste Null. Zehn Jahre war sie jetzt alt geworden. Der Geburtstag war entsprechend gefeiert worden, mit Pfänderspielen und einer Kutschfahrt in den Zeitzer Forst. Was, grübelte sie, wird sein, wenn ich meine zweite Null erreicht habe? Ob ich dann weiß, was Liebe ist? Und wer das ist, der liebe Gott? Und ob ich dann verheiratet bin wie Vater und Mutter und Kinder habe wie Tante Hildchen? Auf jeden Fall möcht' ich viele Tiere haben, Hunde, ein Pferd zum Reiten, einen bunten Papagei, der sprechen kann. Und viele fremde Länder werde ich sehen, die Wüste in Afrika und große Städte, Berlin, Paris ...

»Du träumst mal wieder, Ilse«, sagte die Lehrerin Schröder in ihre tiefen Gedanken hinein. »Komm mal vor und zeige uns hier auf der Landkarte, wo die Braunkohlengebiete Deutschlands liegen!«

Gräßlich! Wo sie Erdkunde überhaupt nicht interessierte. Sehr ungenau fuchtelte Ilse zum Vergnügen der Klasse mit dem Zeigestock auf der Karte herum. Die Lehrerin schrieb ihr in ihre Kladde: »Ilse ist im Unterricht unaufmerksam« und gab ihr einen Aufsatz über den Braunkohlenbergbau bei Weißenfels-Zeitz-Meuselwitz auf. Das war peinlich. Zu Hause würde es Ärger geben. Vater war gut, aber streng, wo es um die Schulleistungen seiner Tochter ging. Die hatten tadellos zu sein. Ob er schelten würde? Schließlich sollte er die Eintragung im Heft unterschreiben. Nein, schelten tat der Vater nicht. Er war nur enttäuscht und voll Sorge, daß sein Kind nicht so hervorragend sein könnte, wie er, als ein fleißiger, ehrgeiziger und aufstrebender Mann des Mittelstandes, es von sich forderte.

»Die Schröder is auch so furchtbar streng, un sie gibt immer so viel auf. Das is bloß Gemeinheit von der!« jammerte Ilse. Dafür erntete sie eine Ohrfeige von der Mutter, deren Hand leicht ausrutschte. Ilse empfand es als entwürdigend. Sie saß an ihren Schularbeiten und weinte, in tiefem Seelenschmerz, während die Mutter zu Marie in die Küche ging und beim Einräumen des Geschirrs eine Opernarie schmetterte: »Will ich allein des Abends durch Pariser Straßen gehn, bleibt alles vor Bewundrung stehn . . .«

Als sie mit Marie im Speisezimmer den Tisch deckte, lachten sie beide über den weinenden Fratz. Mutter brauchte ab und zu so einen Auftritt oder auch einen Krach mit Vater, der sich dann verärgert in sein Büro zurückzog. Er haßte Szenen. Sie aber ging erfrischt aus solchen ›Szenen‹ an ihre hausfrauliche Arbeit. »Mach doch keine Mährde!« lachte sie ihre Tochter aus und wechselte von der Opernarie zum Salon-Schlager: »Sie machen dir Ko-omplime-he-hente und senden dir Blumen ins Haus. Doch du, du kleine Koke-hette, du lachst sie ja alle nur aus . . .«

»Was sin das, Komblemente?« fragte Ilse.

»Ach, das sind – Blumen«, wich Mutter aus. Nee, verkohlen ließ Ilse sich nicht. »Marie, weißt du's?«

»Na klar, wenn dir 'n Gümnasiast sacht: ›Mit dir mechtch ma uff 'n Bummel gehn, bist e hibsches Mächen‹, das is e Gombliment, gonnsekwänd!«

»Bin ich hübsch, Marie?«

»Na«, meinte die Stütze, »kannste noch wer'n, bist noch ze dünn un hast noch keene Figur, ooch kenn'n Busen.«

»Quatsch!« Ilse setzte ihre Lieblingspuppe, die ›Geraer Fettgusche‹, in den Puppenwagen. »Brauch' ich nich!«

»Na, wart's ma ab!« meinte Marie. »Geht schneller, als de dengst!«

Am nächsten Schultag stand Heimatkunde auf dem Programm.

»Ach, langweilig«, maulte Ulla. Ilse nickte. Das Thema wurde viel zu trocken geboten, vor allem für Zehn- und Elfjährige, die ihre Nase schon über den Nestrand hinausstreckten. Aber diesmal hatten sie Glück. Fräulein Brinkmann machte mit ihrer Klasse einen Rundgang durch die Heimatstadt. Auf dem Altmarkt hatte ein Maler seine Staffelei aufgestellt. Er malte die Apotheke. Die Kinder umringten ihn. Wie er den Pinsel mit wunderbar leuchtenden Farben über die Leinwand führte – war das wirklich die alte Mohrenapotheke? Auf einmal erkannten die Kinder die Schönheit des Hauses mit der halbrunden Treppe und dem geschwungenen spitzen Giebel. Ilse war geradezu fasziniert von der Zeichnung.

Als die anderen schon längst im Hof der Moritzburg verschwunden waren, stand sie noch immer neben dem Maler, ganz versunken, die Hände auf dem Rücken.

Der kleine Mann schien sich um seine Zuschauerin weiter nicht zu kümmern. Er sah aus wie ein stelzbeiniger Raubvogel mit dem langen, dürren Hals, auf dem der Adamsapfel auf und nieder hüpfte, und der Hakennase.

Jetzt wandte er seinen Kopf mit den wasserblauen Augen und dem rötlichen Struppelhaar dem Kind zu und raunzte: »Hast wohl noch nie so einen schönen Mann gesehen, wie?«

Ilse war irgendwie schockiert, verlegen. Und sie sagte geradeheraus, weil ihr nichts anderes einfiel: »Nee, schön sin Sie nich', awer malen tun Sie schön!«

»Findste?« Der Maler trat von seiner Staffelei zurück und begutachtete sein Werk mit schief gehaltenem Kopf. »Na ja, mit so was verdient man seine Brötchen in diesem Kleinbürgernest. Auftragsarbeit – verstehste?«

Ilse verstand überhaupt nichts. »Haben Sie viele Bilder gemalt?« Sie kam sich töricht vor, als sie die Frage stellte. Aber der Maler lachte: »Mensch, Mädchen, wovon soll ich denn leben? Haste mal was vom Bauhaus gehört? Ich male nämlich abstrakt. Das heißt: keine Häuser und Bäume, sondern Linien, Kreise und Vierecke.« Über diese Erklärung der ›abstrakten Kunst‹ mußte er nun selber lachen. »Jetzt loof, Mädchen, sonst kriegste Ärcher.«

Vor dem Portal der Moritzburg hielt Fräulein Brinkmann gerade einen Vortrag. Sie hatte Ilses Fehlen zum Glück nicht bemerkt. Die Moritzburg! Wie oft war Vater hier schon mit Ilse gewesen und hatte ihr dieses älteste Wahrzeichen der Stadt Zeitz zu erklären versucht.

Er war mit ihr durch das Portal gegangen mit dem riesigen Wappen, das fast so groß wie das Tor war, durch die ›Kaffeemühle‹ – Ilse fand diesen Namen für das Torhaus so lustig –, und hatte ihr viel von Herzog Moritz erzählt, der hier um 1660 residierte. Er machte aus dem romanischen, später gotisch erweiterten, dann zur Hallenkirche veränderten Gebäude eine Hofkirche mit reicher Barockverzierung. »Die Herzöge, die Fürsten, die wußten schon zu leben!« Vater konnte das alles so lebendig erklären, ganz anders als Fräulein Brinkmann, die gerade vor den Zehnjährigen dozierte: »Als der Bischof von Zeitz nach Naumburg zog und Leipzig die Konzession als Messestadt erhielt, verlor Zeitz an Einfluß und Bedeutung. Man könnte sie ›die Stadt der verpaßten Gelegenheiten‹ nennen.«

Großes Gähnen bei ihrer Kükenschar, die erst aufgeschreckt wurde, als die Klassenlehrerin sagte: »Morgen legt ihr mir einen Hausaufsatz vor.«

Ilse konnte das überhaupt nicht berühren. Aufsatz lag ihr – umsonst hieß es nicht immer bei Klassenarbeiten: »Ilse, sag mir 'n Anfang«, und Ilse flüsterte immer neue Sätze zurück –, und die Geschichte ihrer Heimatstadt war ihr vertraut. Sie wußte auch, daß die wuchtige Michaeliskirche noch einen der wenigen erhaltenen lateinischen Thesendrucke Martin Luthers besaß. In dieser Kirche hatte Luther gepredigt – Ilse erinnerte sich noch, wie Vater in diesem Gotteshaus seine Worte gesprochen hatte. An einem Sonntagnachmittag, als niemand dort war. Ilse kam es später immer noch so vor, als hätte Luther dort selbst gesprochen. So eindrucksvoll waren Vaters Worte gewesen.

Was waren diese Eindrücke gegenüber den Erklärungen der Klassenlehrerin, obgleich sie sich auch bemühte, Geschichte so lebendig wie möglich zu vermitteln. Aber sie mußte ja den vorgegebenen Stoff behandeln. »Die Gründung wird in das Jahr 900 verlegt – stellt euch mal vor, mehr als tausend Jahre sind es her! Urkundlich erscheint Zeitz ja in der Geschichte zum ersten Mal 968, als Otto der Große das Erzbistum Magdeburg und das ihm unterstellte Bistum Zeitz gründete und damit den Grundstein zu dem Städtewesen des Elbe- und Saalegebietes legte.«

Viel mehr als diese Erklärungen beschäftigte Ilse die Begegnung mit dem Maler.

Zu Hause erzählte sie von ihm, als sie beim Mittagessen saßen. »Ach der!« Vater lächelte. »Der Ferd!«

»Warum heißt er so?« Ilse hatte den Namen falsch verstanden. »Wie ein Pferd sieht er nicht gerade aus.«

Jetzt lachte Vater lauthals. »Er heißt Ferdinand, und Ferd ist die Abkürzung. Ferdinand Röger. Ein verrücktes Haus, aber begabt. Und als Künstler anerkannt. Heinrich kann dir mehr von ihm erzählen, der kennt ihn gut.«

Als wenige Tage später Heinrich in der Schützenstraße aufkreuzte – wohl in der Hoffnung, Hedy anzutreffen –, fragte Ilse ihn sofort nach dem Maler.

»Der Ferd! Ach, ist er wieder da? Habe ihn lange nicht gesehen. Hätte mal wieder Lust auf ein Atelierfest.«

»Atelierfest?« fragte Mutter mißtrauisch.

»Hast du noch nie von seinen Festen gehört? Die macht er immer, wenn er gerade mal wieder zu Geld gekommen ist. In seinem ›Ferdlstall‹, so nennt man seine Wohnung in der Rahnstraße. Eine tolle Bude. Da ist immer was los. Man trifft dort die interessantesten Leute und solche, die sich dafür halten.«

»Und du bist natürlich auch dabei!« sagte Mutter sarkastisch.

»Ich mag das Völkchen: Künstler, Literaten, Studenten, Frauenrechtlerinnen, zumeist Junggesellen beiderlei Geschlechts. Sie sind das Salz der Gesellschaft, ohne sie wäre das Leben fade. Oder magst du Thüringer Wurst ohne Gewürze, Schwester?«

Ilse lachte hell auf über diesen Vergleich.

»Der Ferd klebt eben nicht am Besitz, und wenn er Geld verdient hat . . .«

». . . schmeißt er es gleich wieder zum Fenster raus«, ergänzte Mutter, »kann ich mir gut vorstellen, daß du davon begeistert bist.«

»Ja, warum nicht? Wenn es ihm Spaß macht. Und er hat immer Spaß, wenn es auch manchmal Galgenhumor ist. Er nimmt das Leben nicht ernst, findet es irre. Ist es doch auch – oder nicht?«

»Ein seltsamer Standpunkt für einen jungen Mann wie du.« Mutter bekam ihren steifen Rücken.

»Ferd war längere Zeit beim ›Bauhaus‹ in Weimar, der berühmten Hochschule für Bau und Gestaltung. Kandinsky und Klee waren seine Lehrer, sie haben seine Malweise beeinflußt. Aber hier in Zeitz, seiner Heimatstadt, kann der gute Ferdinand keine Lorbeeren mit seiner abstrakten Malerei ernten. Da muß er Kompromisse schließen und alle möglichen Aufträge annehmen, um sich über Wasser zu halten.«

»So wie jetzt mit der Apotheke«, sagte Ilse eifrig. »Du weißt, Mutti, er malt für den Apotheker, bei dem du immer dein Bullrich-Salz kaufst. Der ist schon ganz alt. Ferd sagt, der hat jetzt ein Alter erreicht, wo mit seinem Ableben nicht mehr zu rechnen ist.«

Heinrich lachte: »Typisch Ferd. Eins seiner Bonmots.«

»Find' ich gar nicht witzig.« Mutter zuckte mit den Schultern. »Außerdem soll er Kommunist sein.« Damit war für sie das Thema beendet.

Heinrich lachte hinter ihr her. »Wenn du Lust hast, nehme ich dich mal mit in den ›Ferdlstall‹«, flüsterte er Ilse zu. »Aber ein bißchen älter müßtest du schon sein.«

»Warum älter? Ich bin doch alt genug«, meinte Ilse altklug.

»Na ja, wenn du meinst«, fand Heinrich. »Ich lege auch keinen gesteigerten Wert darauf, älter zu werden.« Und er pfiff sein Lieblingslied: »Student sein, wenn die Veilchen blühen . . .«

Auligk

Frühling 1924

Nur wenn der Sachse etwas Wichtiges sagen will,
dann werden seine Konsonanten hart – an der falschen Stelle.
Peter von Zahn

Das Kaiserreich war nun schon seit einigen Jahren Vergangenheit, aber in der Gesellschaftsordnung hatte sich wenig verändert. Jedenfalls nicht in einer Mittelstadt wie Zeitz.

Das zeigte sich nicht nur in der Welt der Erwachsenen. Als Ilse an einem Morgen in die Klasse kam, sah sie, daß Hannelore und ein paar andere Mädchen die Köpfe zusammensteckten und tuschelten. Hannelore winkte Ilse zu: »Komm her!« Ilse schleuste sich in den Pulk um Hannelore ein. »Du wirst auch eingeladen«, sagte Hannelore.

»Ich? Wozu?«

»Zu meinem elften Geburtstag. Nach Auligk. Wir feiern diesmal ganz groß – mit Tischherren. Zehn Freunde von Achim werden auch kommen.«

»Das wird ein Fest!« Edith, Hannelores beste Freundin, verdrehte die Augen. »Alles Jungs aus dem Gymnasium.«

Ilse klopfte das Herz. Sie war eigentlich nicht mit Hannelore befreundet, aber sie hatte sich schon immer gewünscht, das Rittergut Auligk kennenzulernen. Die Mamsell aus Auligk, die irgendwie mit August verwandt war, hatte Aylsdorf einige Male besucht und Wunderdinge erzählt: von dem herrlichen Park, dem Herrenhaus mit der großen Freitreppe und von den Sommerfesten im Park mit Lampions, die in den alten Bäumen wie bunte Monde leuchteten, und der Kapelle, die zum Tanz aufspielte. Die Dorfbewohner genossen das Schauspiel der anfahrenden ›Glaskutschen‹ mit den Gästen. Zwei Wochen dauerten die Vorbereitungen zu solch einem Fest, hatte die Mamsell erzählt, ein Koch aus Leipzig wurde engagiert, und alle Bediensteten – Hausdiener, Reitknecht, Haus- und Stubenmädchen, der Gärtner und sie, die Mamsell – hatten alle Hände voll zu tun bis zu dem großen Tag. »Eenmol kam der Koch nich, un da mussd'n mir alles alleene mach'n«, hatte die Mamsell stolz berichtet, »fuffzen Torden hab'ch gebacken. Ja, die Gnädje is verschwenderisch, awer och großzüchisch. Se schtammt aus 'n vermöchenden Hause. Ze Weinachdn wurd' mer alle reich beschengd. Ich grichte Wäsche, een Brinzessunnerrock, drei neie Schirzen und een Schtolln.« Berta in Aylsdorf hatte mit offenem Mund zugehört.

Und nun sollte Ilse nach Auligk – als Gast!

»Bist du auch eingeladen?« fragte sie Ulla, als die Stunde begann.

»Nee, da geheer ich nich zu.«

Von den drei Gruppen in der Lyzeumsklasse gehörten die Töchter von Gutsbesitzern, Industriellen und Akademikern zur ersten Gruppe, die Töchter von Unternehmern und Geschäftsleuten zur zweiten, und die dritte Gruppe galt nichts: Dazu gehörten kleine Beamte etwa, wie die Eltern von Ulla, die sich die höhere Bildung ihrer Kinder durch Entbehrungen, zumindest durch äußerste Sparsamkeit, erkämpfen mußten.

»Würd' ich auch gar nich hingehn mit dummen Jungs als Tischherrn – is doch affig!«

»Ich glaube, Hannelore will sich damit wichtig tun«, meinte Ilse.

»Das wees ä Ferd un hat 'n kleen'n Kobb!« war Ullas Kommentar.

Ilse wußte nicht recht, ob sie sich freuen sollte. Wegen Ulla – denn es traf sie doch sichtlich, nicht dabeizusein. Auf der anderen Seite war es doch sehr aufregend, mit Jungens aus dem Gymnasium eingeladen zu werden. Wer mochte ihr Tischherr sein? Vielleicht der blonde Jürgen, mit dem sich manchmal auf dem Bummel ihre Blicke kreuzten? Gegen Abend trafen sich die ›höheren Töchter‹ mit den silbergestreiften blauen Schulmützen in der Wendischen Straße mit den Oberrealschülern und den ›Grünmützen‹, den Gymnasiasten. Man bummelte zu dreien und vieren, begegnete sich dabei immer wieder und warf sich Blicke zu, ohne aber miteinander zu sprechen. Auch wenn sich einige Favoriten herausschälten – es blieb bei dem stummen Flirt.

Aber nun sollte man miteinander sprechen, war Gast wie sie, und das war doch etwas ganz anderes.

Mutter nähte für Ilse ein Kleid aus weißen Spitzen, und so, mit einer blauen Schärpe und einer gleichfarbigen Schleife im Haar, wurde sie für die Geburtstagsfeier feingemacht.

»Wie 'ne Brinzessin«, fand Marie. »Die bassd ins Schloß.«

»Das ist doch kein Schloß«, wehrte Ilse ab, »nur ein Herrenhaus.«

»Das geniecht, sachd' de Fuchs un fraß de Gans uff«, war Maries Kommentar.

Zwei Landauer holten die Mädchen aus Zeitz nach Auligk ab. Ilse saß mit fünf Mädchen in einer Kutsche. Alle waren festlich gekleidet wie sie. Die Haarschleifen leuchteten wie riesige Schmetterlinge.

Und dann ging's los mit Peitschenknall durch die Dörfer, durch

Alleen mit Kirschbäumen, an Rübenfeldern vorbei bis zum Dorf Auligk, das in Sachsen lag. Sie fuhren also aus Preußen ins Sächsische. An das preußische Zeitz grenzten die Länder Thüringen und Sachsen.

Die Landschaft um Auligk war ein fruchtbares Gebiet. Hannelores Vater, der Besitzer von Auligk, kümmerte sich allerdings wenig um die Felderwirtschaft, Schaf- und Viehzucht, erzählte Hannelores Intimfreundin Edith. Er war ein großer Jäger und liebte vor allem seine Jagdhunde und die Pirsch. Der Verwalter besprach darum lieber alles mit der Gutsherrin, die alle Fäden in der Hand hielt.

Das Gutshaus lag unmittelbar neben der Dorfkirche. Die Kinder fuhren durch ein großes Tor auf den weiträumigen Hofplatz mit den Wirtschaftsgebäuden und hielten vor der Rückseite des Herrenhauses.

Die Jungen, alles Schulkameraden von Hannelores älterem Bruder Achim, lärmten schon im Hof herum. Auf der Freitreppe stand die Gutsherrin und begrüßte ihre jungen Gäste. Sie war eine schöne Frau mit blondem, hochgestecktem Haar, in eine elegante Seidenrobe von dunklem Blau gewandet. Die Mädchen knicksten schüchtern.

Ilse blickte sich um: Das war natürlich alles viel prächtiger und großzügiger als in Aylsdorf. Allein wie respektheischend der Reitknecht mit seinen glänzend gewichsten Stiefeln, der roten Weste mit den blitzenden Metallknöpfen, der langen Reitpeitsche und dem gestutzten Schnauzbart aussah.

Und da kam die rundliche Mamsell aus der Küche, stutzte ein wenig und ging dann auf Ilse zu.

»Na, Kleene, du ooch hier?«

»Woher kennt ihr euch denn?« fragte die Hausherrin verwundert.

»Von Aylsdorf«, sagte Ilse, »meine Mutter ist von dort.«

»Also eine Burggraf?« lächelte Hannelores Mutter.

»Ja, un da is mein Kusäng, der August ...« ergänzte Mamsell die noch fehlende Information.

In der Halle wurden den Kindern von einem Mädchen mit weißer Schürze und Häubchen die Mäntel abgenommen, und dann führte der Diener die kleinen Gäste durch das Haus. Die Kinder wußten noch nichts von Stilepochen, aber sie bewunderten die Empiremöbel, und Ilse entdeckte einen Schreibsekretär in einer Nische, ähnlich wie Mutter einen hatte, nur war dieser kleiner. Da konnte man nur Briefe schreiben mit zierlicher Schrift. Besonders bestaunt wurden die Wandmalereien: Da bekränzten Girlanden Bilder von südlichen Landschaften mit Frauen, die Früchte- und Blumenkörbe auf den Köpfen trugen und aus Säulengängen schritten. An der Decke tanzten Feen und schöne Jünglinge einen Reigen. Dann kamen Wände mit Bildnissen von schön geschmückten Frauen und streng blickenden Männern – Ahnenbilder, wie der Diener erklärte. Den rotbraunen Mahagoniflügel hätte Ilse gerne ausprobiert. Auf dem mußte es sich herrlich spielen.

»Du darfst«, sagte Erwin, der Diener, gnädig.

»Los, Ilse, spiel mal den *Flohwalzer*«, forderten die Mädchen Ilse auf – froh, der feierlichen Atmosphäre entrinnen zu können.

Flohwalzer? Nein, das war doch unmöglich. Ilse setzte sich auf den Klavierhocker, drehte ihn höher und spielte ein *Lied ohne Worte* von Mendelssohn-Bartholdy, das sie auswendig konnte. Sie hatte es bei Hedy gelernt. Das klang gut in den hohen, weiten Räumen.

Hannelores Mutter schaute zur Tür herein: »Oh, da haben wir ja eine kleine Pianistin!«

Ilse schloß leise den Deckel des Flügels, ganz vorsichtig, mit geröteten Wangen: Pianistin! Ja, Pianistin wollte sie werden. Es mußte wundervoll sein, die Musik lebendig werden zu lassen. Und alle Menschen lauschten *ihrem* Klavierspiel.

»Wo bleibt ihr denn bloß?« rief Achim. »Wir sind alle schon draußen im Garten.«

Garten? Es war ein Park mit einem geschwungenen Rosenbeet vor der verglasten Veranda und der großen Terrasse, mit blühenden Büschen und Blumenrabatten. Das Weiß und Lila des Flieders hob sich von dunklen Tannen und dem hellen Grün der Birken ab. Die Kastanien hatten ihre weißen und rosa Kerzen aufgesteckt. In einem dieser mächtigen Bäume entdeckte Ilse einen großen, bunten Papagei, der mit starrem Blick schiefköpfig die Gesellschaft beäugte. War der ausgestopft?

Zwischen den Bäumen war ein langer Tisch gedeckt, auf dem Torten und Kuchenplatten standen, bunt geschmückt mit Blumen und Girlanden. Jetzt kam der spannende Augenblick: Wer würde der Tischherr sein? Ilse ging langsam um die Tafel herum und studierte die hübsch bemalten Tischkarten. Erste Enttäuschung: Der blonde Jürgen saß natürlich neben Hannelore. Er enttäuschte sie auch weiter, denn er und Achim führten das große Wort. »Angeber!« dachte sie.

Ihr Tischherr war ein langer Schlaks mit einer beginnenden Glatze, über die ein paar dünne, rötliche Strähnen gescheitelt waren. Er verzehrte mit Inbrunst fünf Stück Torte, trank dazu vier Tassen Schokolade und schwieg sich aus. Nicht ein Wort wechselte er mit seiner Tischdame, die er auch keines Blickes würdigte.

So hatte sich Ilse ihre erste Begegnung mit einem Grünbemützten nicht vorgestellt. Jungs sind doof – Ulla hatte recht. Bei den anschließenden Pfänderspielen gewann sie ›Nesthäkchens Schulzeit‹, das sie schon besaß, und Hannelore nahm triumphierend den ersten Preis entgegen, einen großen Weltatlas, auf den alle gehofft hatten. »Schiebung«, brüllte Achim. Die Mutter schlug vor, daß der Atlas noch einmal ausgelost werden sollte, Hannelore hatte ja schließlich genug Geschenke bekommen. »Nee«, meuterte die, »ich denk' nich dran, ich hab' ihn gewonnen.« Sie mukschte noch eine ganze Weile.

Bevor am frühen Abend die Kutschen vorfuhren, um die jungen Gäste nach Zeitz zu bringen, öffnete der Vogel in der Kastanie plötzlich den Schnabel und krächzte: »Bye, Bye! Entertain me! Entertain me!«

Nanu, der konnte ja Englisch!

»Na, glaubt ihr, der spricht sächsisch«, grinste Achim, »der stammt von unserm Onkel Frederic aus Manchester! Den hat er mir vererbt.«

»Uns!« rief Hannelore empört. Da die Mutter in das Haus gegangen war, lief das Gezänk zum schönsten Geschwisterstreit auf. Ilse verabschiedete sich von der Gutsherrin, die in der Bibliothek saß. Seit kurzem war ihr Interesse an Büchern immer mehr gewachsen. Ilse betrachtete die farbigen Lederbände und Folianten, die an drei Wänden wohlgeordnet in den Borden standen. Die Tapeten knisterten, als wüßten sie um Geheimnisse und flüsterten miteinander.

Die vierte Wand hatte hohe Fenster zum Park. In der Ecke stand ein runder, grüner Kachelofen – ähnlich wie zu Hause im Wohnzimmer, nur war dieser viel prächtiger, bunt und zierlich bemalt. Daneben hing das Bild einer schönen Frau, die aus ovalem Goldrahmen lächelte, die Mundwinkel ein wenig herabgezogen wie mit leichtem Spott, als amüsiere sie sich über die Betrachter.

Ilse zeigte auf das Bild: »Sind Sie das?«

Hannelores Mutter schüttelte den Kopf: »Nein, mein Kind, das ist meine Großmutter. Das Bild ist kurz nach ihrer Heirat gemalt. Sehe ich ihr ähnlich?«

»O ja, sehr«, sagte Ilse bewundernd.

Wie konnte es bloß möglich sein, daß die rauhbautzige Hannelore mit den strähnigen Haaren und der burschikosen Redeweise solch eine Mutter hatte. Manchmal waren doch Eltern und Kinder sehr verschieden. Schließlich hatte sie, Ilse, ja auch wenig Ähnlichkeit mit ihrer Mutter, worüber sie manchmal irritiert war. Vielleicht ähnelte Hannelore auch ihrem Vater. Ilse kam es erst jetzt zu Bewußtsein, daß der Hausherr nicht einmal aufgetaucht war.

Dafür ließ es sich die Dame des Hauses nicht nehmen, die jungen Gäste zu den Wagen zu begleiten. »Auf Wiedersehen, kleine Pianistin. Vielleicht besuchst du uns einmal wieder?« Ilse hätte am liebsten gesagt: ... und wie gerne! Aber Hannelore würde sicherlich nicht entzückt sein. Sie fand Ilse langweilig, und die hatte ihrerseits wenig für Hannelore übrig, weil sie sich weder für Musik noch für Tiere interessierte.

Vielleicht war Ilse auch nur eingeladen worden, weil noch eine Tischdame fehlte?

Ulla bestätigte am nächsten Tag den Verdacht, als Ilse ihr von dem Fest in Auligk erzählte. »Glar wie Gloßbriehe, näbn dem Dämlack wollt doch keene sonst sitzen.«

»Aber trotzdem war es schön«, trumpfte Ilse auf und begann von Hannelores Mutter zu schwärmen. »Sie ist eine ganz große Dame und spricht Hochdeutsch wie unser Deutschlehrer.«

»Na, du redest ja ooch blötzlich richtjes Hochdeutsch.«

»Denkste, ich kann das nich?«

Ilse war beleidigt, aber sie mußte doch noch etwas loswerden. Und mit niemand anders konnte sie darüber sprechen als mit Ulla.

»Stell dir vor, den Achim, den hab' ich mit einem Hausmädchen gesehn, einer ganz dicken Schwarzen. Er lief ihr nach bis in die Küche, als sie die Teller abräumte. Die Tür stand offen, und ich hab' deutlich gesehen, wie er sie geküßt hat. Verstehst du das?«

»Na und? Bin ich dämlich? Ein jeder Jüngling hat nun mal 'nen Hang zum Kichenbersonal.«

»Hast du das gedichtet?« fragte Ilse verblüfft.

»Nee, awer der Wilhelm Busch. Das Buch hat mein Vader zum Geburdsdach bekomm'n. Da sin lauder so witzige Sachen drinne, Bilder un Ferse! Zum gringeln!«

Das mußte sich Ilse einmal angucken. In Ullas Elternhaus ging es ja immer lustig zu, wenngleich die Eltern auch sparen mußten. Der Vater beschlug alle Schuhe der Familie selber, damit man einmal im Jahr an die See fahren konnte. Sachsen reisen nun einmal gern. Und Ullas behäbige Mutter hatte erzählt, daß die Sachsen in Swinemünde und Westerland ›Salamanderlöwen‹ genannt wurden. Weil sie im Strandcafé auf der Kurpromenade ihren Salamander-Schuhkarton hervorholten und selbstgemachte Brote auspackten. »Nu macht bloß keene Mährde, langt ma zu!« forderte die sparsame sächsische Hausfrau auf.

»Meinen nächsten Geburtstag«, dachte Ilse, »werden die Eltern bestimmt auch ganz prächtig ausrichten.«

Vaters Baugeschäft lief anscheinend recht gut. Er trug sich sogar mit dem Gedanken, sich ein Automobil anzuschaffen. »Vielleicht kann ich dich dann zu einer Autofahrt einladen, wenn ich Geburtstag hab'«, sagte sie zu Ulla.

Die schlug nur mit der Hand: »Jetzd spinnsde, bleib uffem Debbich.«

Das Vogelschießen

Frühling 1924

Warum is denn die Älwe
bei Dräsdn so gälbe?
Se schämt sich ze schanden,
daß se muß aus d'n Landen.
Denn gleich hinder Meißen
– pfui Spinne! – liecht Breißen!

Schützenfest, Vogelschießen! Das Fest, auf das sich ganz Zeitz seit Monaten freute! Und ganz Zeitz traf sich dort auch, ob als aktiver oder passiver Teil. Und die ganze Umgebung stellte sich ebenfalls ein.

Für Ilse war es eine feine Sache, daß sie jetzt so nahe am Schützenplatz wohnten. Da bekamen sie alles aus erster Hand, vom Festzug angefangen bis zu den Wagen der Schausteller, die zum Festplatz karrten, von den Uniformen der Schützen bis zu den Mädchen in ihren weißen Kleidern. »In Zeitz gibt's ja noch paar Ehrenjungfrauen«, hatte Ferd, der Maler, einmal gespottet.

Schon am frühen Morgen hängten Marie und Ilse eine bunte Girlande aus dem Erkerfenster. Die Stadt schmückte sich mit Fahnen und Blumenkränzen. An diesem Junitag im Jahre 1924 gab es einen besonders festlichen Anlaß: Die Schützengilde weihte eine neue Fahne ein.

Gleich nach der Schule lief Ilse nach Haus, um im Eiltempo und im Stehen das Mittagessen herunterzuschlingen. »Verschluck dich bloß nich, Mächen!« warnte Marie. »Mein' Onkel is eenmol e Gloß in der Gehle steck'n geblieb'n, der wär' beinah druffgegangen« – und dann rannten Ilse und Ulla Hand in Hand zum Altmarkt. Dort empfing die Zeitzer Schützengilde die auswärtigen Gilden und Bünde.

Der Festzug, breit und bunt wie ein Lindwurm, schien kein Ende zu nehmen. Überall öffneten sich die Fenster: Junge Mädchen winkten mit Händen und Tüchern, Kinder kamen aus allen Türen, Hunde kläfften. Die Uniformen der Schützen glänzten in der Sonne.

»Am besten gefall'n mir die mit den grie'n Joppen un dem Jägerhut mit der Feder drauf«, fand Ulla.

»Nee, die Reiter sin am schönsten, guck ma de Färde!« rief Ilse.

»Un die vielen Fahnen. Un de Helme – eener hat'n wehenden, ich gloob, Pallasch heeßt das, gloob ich!«

Immer neue Kapellen zogen mit klingendem Spiel vorbei. Den Schluß des Festzuges bildeten die weißgekleideten Mädchen: »Guck ma, die Gerda Weise, die Dochter vom Schitzenkeenich! Die fühlt sich awer mächtig!«

Auf grünem Laubgewinde trugen die Mädchen die neue Fahne der Zeitzer Schützengilde. Vor dem Hotel ›Drei Schwäne‹ auf dem Altmarkt hatte sich eine große Zuschauermenge versammelt. Der Schützenkommandant begrüßte die Gäste und Sangesbrüder und nannte die Namen der Schützenvereine aus der näheren und weiteren Umgebung: Sie kamen aus Gera, Crossen, Pößneck, Groitzsch, Weissenfels, Glauchau, Chemnitz, Lucka, Droyssig, Ruhla, Meuselwitz, Pegau und Teuchern.

Dann kam der feierliche Augenblick: Der Superintendent weihte die Fahne und erinnerte an die halbtausendjährige Geschichte der Gilde. Das Panier wurde hochgehoben. Ilse zwängte sich auf eine Stufe vor dem Hotel ›Drei Schwäne‹, um die Fahne besser sehen zu können. Sie zeigte in der Mitte das Zeitzer Rathaus und auf grünem Grunde, mit Gold gestickt, den Spruch:

Sicheres Auge,
sichere Hand,
und das Herz dem Vaterland!

Auf der anderen Seite das Wappen der Stadt mit dem Drachenbezwinger St. Michael.

Der Schützenkönig übergab die Fahne dem Kommandanten, und dieser reichte sie dem Fahnenträger. Dann brauste es aus Hunderten von Männerkehlen auf:

»Die Himmel rühmen des Ewigen Ehre!«

Oh, man mußte einfach weinen bei diesem feierlichen Akt.

Ilse und Ulla waren froh, als der Festzug sich endlich in Richtung Schützenplatz bewegte. Und dort ging das Feiern erst richtig los.

»Wieviel Groschen haste?« fragte Ilse.

»Vier«, sagte Ulla stolz.

»Un ich sechse . . .« übertrumpfte Ilse die Freundin.

Die war durchaus nicht neidisch, denn es wurde ja redlich geteilt.

»Da biste ja beinah so reich wie Stinnes! Da könn'n mer Karussell fahrn un Rostbratwürste essen un Brezeln un in Schichtl's Marionetdendeader geh'n!« Ja, das war das Schönste: das Marionettentheater und die Liliputaner.

Vor der Schießbude trafen sie Willy aus der Posaer Straße. »Was machst'n du hier?« Willy grinste, und sein Schielauge leuchtete: »Na, was'n! Dreimal will ich schieß'n. Ich dreffe immer.«

Er griff in seine Hosentasche und holte ein Stück Bindfaden, ein Messer und einen Fünfer heraus: »Reicht nich', gibste mir 'n Groschen? Wenn'ch gewinne, krichst du's!«

Das war ein Angebot. Zögernd trennte sich Ilse von ihrem vorletzten Groschen. »Darfsde denn überhaupt schießen? Was sacht denn dei Vader?«

»Mei Vader? Welchen meenste? Ich hab' zwee, der eene is mei Schdiefvader, der verhaud uns alle Dache, der andre kommd bloß sonndachs, un was mei richtcher Vader is, der is dod.«

Willy gewann einen großen Teddybären und einen roten Luftballon. Er hielt sein Versprechen und gab Ilse die Gewinne. Sie schenkte den Teddy dem kleinen Robert, und Kläuschen bekam den Luftballon.

Tante Hilde zog Ilse in ihr Schlafzimmer, wo sie vor dem Spiegel ihrer Ankleidekommode einen großen Florentinerhut aufprobierte, mit einer leuchtend blauen Seidenschleife verziert.

»Na, wie seh' ich aus?«

»Wunderbar, Tante Hildchen«, schwärmte Ilse, »du wirst noch Schönheitskönigin oder Mannekäng!«

»Wie Greta Garbo?« fragte Hildchen und versuchte einen neuen Gesichtsausdruck: mit zurückgelegtem Kopf und schwärmerischem Blick unter schweren Augenlidern.

»Wer is'n das?«

Hildchen wies auf ein Foto in den ›Leipziger Nachrichten‹: Greta Garbo mit dem Filmregisseur Mauritz Stiller in Berlin vor dem Brandenburger Tor. »Diese Greta hieß früher Gustafsson und stammt aus Schweden. In Stockholm hat sie in einem Warenhaus Hüte vorgeführt, aber jetzt ist sie Filmschauspielerin.« Hildchen seufzte sehnsuchtsvoll.

»Hüte vorführen könntest du doch auch! Ist der von Tante Iffland?«

»Das sowieso!« Tante Iffland war eine Cousine von Vater und Fred. Sie hatte ein Hutgeschäft in der Schützenstraße und war in Modesachen tonangebend, wie Mutter sagte.

Mit dem chicen Hut erschien Hildchen mit dem schönen Fred am nächsten Tag im großen Zelt der ›Harmonie‹ auf dem Schützenplatz, wo die Mitglieder des Zeitzer Clubs und des ›Kaufmännischen Vereins‹ Gäste eingeladen hatten. Auch die Eltern waren da, ebenfalls sehr elegant, aber viel dezenter gekleidet als Hildchen und Fred. Man begrüßte Freunde und Bekannte, die Stimmung war beschwingt, eine Musikkapelle spielte schmissige Melodien.

Onkel Fred führte Kartenkunststücke vor, die Ilse schon kannte.

Die Kapelle spielte den Flohwalzer.

»Schade, daß es auf unserm Schützenfest keinen Flohzirkus gibt«, meinte Fred. »Ich hab' mal einen in Leipzig gesehen. Also wie die Flohmädchen mit ihren Ballettröckchen tanzen und wie die Flöhe eine Kutsche ziehen, das ist schon toll.«

»Ist das wirklich wahr, so kleine Flöhe?«

»Aber nur Menschenflöhe. Und was meinst du, wie kostbar solch ein kleiner Artist ist, Ilse. In Hamburg hat sich ein Zirkusdirektor das Leben genommen, als die dressierten Flöhe aus seinem ›Original Pariser Flohzirkus‹ ausgekniffen sind.«

Davon wollte Ilse noch mehr hören, aber Mutter meinte: »Nun laß man Onkel Fred in Ruhe, er kann nicht immerfort von Flöhen erzählen.«

»Hu«, kicherte Hildchen, »mich juckt es schon überall.«

Die Stimmung wurde ausgelassen. Vater aber stand auf: »Seid nicht böse, ich muß noch einmal ins Büro schauen. Komm, Ilse, ich kauf' dir noch ein Lebkuchenherz.«

Das war natürlich eine unerwartete Freude.

Vor der Lebkuchenbude trafen sie Edith und Carola. Vater ließ Ilse ein großes Herz auswählen, er wirkte etwas zerstreut. Sicher zeichnete er schon im Geiste an seinem neuen Entwurf, dem Umbau der Drogerie in der Wendischen Straße.

»Du, dein Vater sieht aber gut aus«, sagte Carola bewundernd, als er gegangen war. Ilse lächelte stolz. Carola schwärmte für jedes männliche Wesen, das einigermaßen ansehnlich war. Schließlich war sie auch schon fast dreizehn. Das hinderte sie nicht daran, in der Schule jede Menge Fehler zu machen. In Ilses Poesiealbum hatte sie hineingeschrieben:

Jede deiner Stunden
sei mit Luft verbunden

Natürlich hatte sie ›Lust‹ gemeint.

Fast die ganze Klasse war auf dem Schützenfest, auch die Jungens aus der Realschule und dem Gymnasium. Als Ilse zum dritten Mal, auf einem weißen Karussellpferd reitend, ihre Runden gedreht hatte und dann, noch etwas schwindelig, vor einem Zelt die Liliputaner bewunderte, hörte sie hinter sich eine bekannte Stimme: »Guggemada, den Zwärch und da, de Biene Maja!«

Marie war es, sonntäglich herausgeputzt. Neben ihr ein strammer junger Mann in einer Uniform, ähnlich, wie sie der Kutscher der Baronin von Heyking getragen hatte.

›Paule‹ – so hieß ihr Kavalier – sei Leibkutscher beim Prinzen in Droyssig und pflegte und dressierte seine Hunde, das mußte sie Ilse gleich stolz erzählen. Bewundernd blickte sie zu ihm auf.

Ilse interessierten mehr die Hunde. »Ha'm Se nich auch für uns 'n Hund? Unser Tell is doch dod, und mein Vader sucht 'n Wachhund.«

Paule blickte Marie verliebt an: »Da kann'ch ja ma vorbeikomm'n. Felleicht kann ich helfen. Mir wollden sowieso een von den jungen Schäferhunden verkoofen. Die sin bildscheen, sin die!«

Schon am nächsten Tag erschien Paule in seiner schmucken Livree in Vaters Büro mit einem Schäferhund an der kurzen Leine. Vater ließ das Tier auf dem Flur auf und ab gehen, um seinen Knochenbau zu studieren.

Marie kam strahlend aus der Küche gelaufen und begrüßte Paule mit roten Backen, leicht verlegen. Mutter warf nur einen kurzen Blick auf Mann und Hund und zog sich zurück.

Der im Wohnzimmer eingesperrte Dackel begann ein hysterisches Gekläffe. Im Büro standen Stadler, Fräulein Ebelt, Vater und Ilse bewundernd um den ›prinzlichen‹ Schäferhund herum: Er war wirklich bildschön!

Sehr stolz und gerade stand er da, schwarz mit gelb geflammtem, dichtem, glänzendem Fell und schönem, langgestrecktem Kopf. Vater betrachtete ihn eingehend. Der Hund blickte ihn aus dunklen Wolfslichtern an. »Er hat etwas Ungezähmtes, Wildes im Blick«, fand Vater.

»Ja, wie ein richtiger Wolf«, ergänzte Ilse.

»So soll er auch heißen!«

Damit war entschieden, daß Vater den Hund behalten wollte.

»Unser Wolf«, sagte Ilse fast andächtig und wollte ihn anfassen, aber Paule hielt sie zurück: »Nee, nee, der läßt keenen an sich ran, baß bloß uff, Kleene. Der beißt!«

Ilse sah den Mann beleidigt an – was fiel ihm denn ein, sie einfach ›Kleene‹ zu nennen.

»Mich mag jeder Hund«, behauptete sie trotzig.

»Awer der nich«, beharrte Paule.

Vater verfolgte fast amüsiert den Dialog. »Er muß sich erst an dich gewöhnen, Ilse!« Ruhig ging er auf den Hund zu, hielt ihm seine Hand zum Beschnuppern hin und legte sie ihm dann sacht auf den Kopf. Das Tier duldete diese Liebkosung.

»Der hat Sie schon als sein'n Herrn erkannt, der is' e ganz Schlauer!« staunte Paule.

Marie stand im Flur und begleitete nach dem Kaufabschluß ihren neuen Freund bis vor das Tor im Hof. Es dauerte eine Weile, bis sie wieder die Treppe heraufkam.

»Den Paule haste wo uff'n Schitzenblatz kennengelernt. Biste verknallt?« fragte Ilse frech.

Mutter hatte es gehört: »Aber, Ilse, was für Ausdrücke!« Marie verzog sich schleunigst in die Küche. Man hörte sie singen: »Gomm in meine Liebeslaube ... in mein Baradies ...«

Es gab Ärger mit dem neuen Hund. Mutter mochte ihn nicht und wollte nicht, daß er in die Wohnung kam. Wolf war ein guter Wachhund, aber tatsächlich sehr bissig. Der Briefträger traute sich kaum mehr ins Haus. Einem Maurer hatte er die Hose zerrissen.

Ärger gab es auch mit Marie. »Plötzlich verbreitet sie kommunistische Parolen«, berichtete Mutter empört. »Und redet über Volksfrontregierungen in Thüringen.«

Vater lachte nur: »Das ist Paules Einfluß.«

Ilse wußte noch mehr: »Mir hat se erzählt, daß Paule in Birna von der Reichswehr beschossen word'n is un daß er ein Held is.«

Vater überlegte: »Da kann was Wahres dran sein. Im vergangenen Jahr gab es einen bewaffneten Aufstand der Arbeiter in Pirna. Die Reichswehr rückte ein, vom Reichspräsidenten Ebert befohlen, und machte von der Schußwaffe Gebrauch.« Marie erschien mit der Kaffeekanne. »Mariechen«, Vater nahm ihr die Kanne ab, »Ihr Freund Paul ist doch beim Prinzen von Droyssig angestellt – als Kommunist! Wie reimt sich das zusammen?«

»Der is doch sein Scheff, das is was andres. Und von Bolidik verschdeh' ich nischt.« Beleidigt verzog sie sich in die Küche.

»Hm, in Droyssig gab es schon immer Rebellen«, überlegte Vater. »Das muß dort an der Luft liegen. Einer der Anführer im Bauernkrieg – na, Ilse, wann war das?«

»Wees ich nich.«

»Müßtet ihr eigentlich in der Schule schon gehabt haben. Das war 1524! Also, einer der Anführer, Hans Enderlein, der sich gegen die immer härter gehandhabten Frondienste auflehnte, war ein Bauer aus Droyssig.«

»Was für Frondienste, Vati?«

»Damals waren die Schloßherren auch zugleich Gerichtsherren. Noch im vorigen Jahrhundert wurden auf einem Flurstück in Droyssig, dem sogenannten ›Scharfrichterstück‹, Leute hingerichtet. Die Bauern rund um Droyssig hatten für den Grundherrn Frondienste zu leisten, also Pflügen, Ackern, Schafescheren, Rübenhacken. Auch Jagd und Fischerei stand der Herrschaft allein zu.«

»Awer heute is das nich mehr so.« Ilse nickte zufrieden.

»Nein, gottlob nicht.« Vater stand auf und ging in sein Büro.

Jeden Abend roch es in der Küche leicht sengerig. Marie drehte sich mit der Brennschere Löckchen, daß sie auf dem Kopf aussah wie ein mottenzerfressener Persianermuff, und sang dazu ihren Lieblingsschlager: »Mein Liebling heißt Mädi, und Mädi ist süß . . .« Dann ging sie aus. Für Ilse hatte sie gar keine Zeit mehr. Sie vergaß sogar ihr Abendbrot in der Küche.

»Hat se vergessen.« Ilse war hilfsbereit und brachte ihr das Essen in das Mädchenzimmer im Dachgeschoß. Sie klopfte – nanu, das Zimmer war abgeschlossen.

»Biste schon im Bett?« wunderte sich Ilse.

Stille. Nach einer Weile kam ein müdes »Hab' Gopfweh . . .«

Nanu, seit wann hatte Marie Kopfschmerzen? Sie wollte wieder die Treppe hinabgehen, da hörte sie ein leises Flüstern und Kichern hinter der Tür.

Ilse war ganz verwirrt, und sie erzählte es Mutter.

Die erregte sich: »Das ist ja die Höhe. Solche Zicken erlaube ich nicht. Sie wird fristlos gefeuert.«

»Na, na«, begütigte Vater, »bedenke, daß sie ein tüchtiges und ordentliches Mädchen ist. So eine Perle findest du so leicht nicht wieder.«

Es regelte sich alles von selbst.

Marie ging in den nächsten Tagen in gedrückter Stimmung umher. Die Brennschere blieb kalt. Von Paule kein Wort mehr. Ilse war neugierig: »Gehste nich mehr mit dem?«

Marie platzte heraus: »Der Gluchscheißer, was der alles erzähld. Un ich hab' ihm gegloobt. Wollde bloß sei Vergniechen un dann Bustekuchen.«

»Awer«, wandte Ilse ein, »du mochtest ihn doch leiden, den Paule? Warst so stolz auf ihn beim Vogelschießen.«

»De Mannsbilder dauchen alle nischt«, fauchte Marie.

Mutter mochte diese Vertraulichkeiten nicht. »Laß sie in Ruhe, Ilse, sie wird schon darüber hinwegkommen. Es wird nicht das letzte Mal gewesen sein.«

Einige Tage später sagte Vater bei Tisch: »Ich muß Wolf verkaufen. Zum dritten Mal hat er einen meiner Leute gebissen. Das kann ich mir nicht leisten.«

»Ich hab' nichts dagegen!« Mutter war geradezu erleichtert.

»Och nee«, protestierte Ilse und warf Marie einen beistandheischenden Blick zu. Aber die schüttelte den Kopf. »Hilfd nischt, Ilse, dei Vader is ähmd gonnsekwänd.«

Damit war auch die letzte Erinnerung an den Verflossenen getilgt. Wolf wurde auf das Land verkauft und in einer großen Kiste mit der Eisenbahn nach Meuselwitz verfrachtet. Bei dem neuen Besitzer ist der

Oben links: Ilses Mutter, Liesbeth Böhme
Oben rechts: Ilses Vater, Arthur Böhme. Unten: Ilse

Die flotte Tante Hildchen…

…und ihr schöner Mann, Onkel Fred

Die Altstadt in Zeitz mit der Rothestraße (rechte Seite, oben)

Museum »Schloß Moritzburg« in Zeitz

Kirche und Pfarrhaus in Aylsdorf (vorhergehende. Seite)

Oma Selma aus Aylsdorf

Die Dorfstraße in Aylsdorf mit Kirschbaum und Eiche

Ilse mit ihren Eltern
beim Sonntagsausflug
im Zeitzer Forst

Die Schriftstellerin
Elisabeth von Heyking

Zwei Mädchen vor der Bubikopf-Ära

Die sanfte Tante Hedy

Ilse und die Eltern auf Schloß Schwarzburg

Das Richard Naether-Jugendheim

Die Böhmes und ihr Brennabor

Blick auf den Thüringer Wald mit Schwarzburg

Gotha mit Rathaus und mittelalterlichem Marktplatz

In der Mitte der oberen Reihe Heinrich, Ilses Vetter, als Student

Schloß Crossen

Ilse als Engel im Weihnachtsmärchen

Hund nie angekommen. Wolf hatte ein Loch in die Kiste gebissen und war aus dem Waggon gesprungen. Trotz aller Nachforschungen blieb er verschwunden.

Niemand hat ihn je wiedergesehen.

Das Gothaer Liebespaar

Sommer 1924

Es sind Hügellandschaften mit großen Waldungen,
die den ›Thüringer Wald‹ ausmachen. Es ist Landschaft,
die wie ein Volkslied anmutet ... In einigen
der innigsten Gedichte Goethes ist der Zauber
dieser Waldlandschaft für alle Zeit eingefangen ...
Rudolf Hagelstange

»Machd' er nu nach Goda?« wollte Marie wissen.

Schon lange war von der Reise nach Gotha die Rede gewesen. Heinrich, der bereits in Gotha arbeitete, hatte geschrieben: »Wann kommt ihr?«

Von Hedy sprach niemand.

Vater wollte den Besuch in Gotha mit einer Wanderung durch den Thüringer Wald verbinden. Er brauchte dringend Bewegung, fand er. Die Büroluft machte ihm zu schaffen, wie er sagte. Auch Mutter wanderte gerne.

So ging es also in den Thüringer Wald. Sie wanderten durch das Schwarzatal bei Blankenburg nach Schwarzburg. »Die Perle Thüringens«, sagte Vater, der grüne Wickelgamaschen trug und zumeist vorausschritt. Mutter und Ilse folgten in hellen, luftigen Sommerkleidern. So machte das Wandern Spaß. Das Flüßchen Schwarza fließt zwischen Laub- und Nadelwaldungen in seinem krummen Flußbett, das es sich in Jahrtausenden gegraben hat, und man wanderte an seinem Ufer entlang, mal in schattiger Kühle, mal in sonniger Helle, durch Täler und über Höhen.

Ilse hielt tapfer mit, war aber doch heilfroh, wenn sie ausruhen durfte. Schön war die Rast auf einem Findling mitten im flachen Fluß mit den Füßen im kühlen Wasser. Das Bergauf, Bergab war anstrengend, aber die herrlichen Ausblicke auf Kuppen und Täler und Wiesen in tausend farblichen Abstimmungen vom hellen Ocker bis zum dunklen Flaschengrün belohnten die Mühe.

Der Rennsteig, der den Hochwald durchschneidet, erzählte an seinen Grenzsteinen von uralter Geschichte.

Abends im Gasthof lasen sie Gedichte von Goethe und Scheffels Worte über diesen berühmten Bergpfad:

Auf Bergesscheiteln läuft ein alt' Geleise,
oft ganz bedeckt von Farnkrautüberschwang,
Ein deutscher Bergpfad ist's. Die Städte flieht er

und keucht zum Kamm des Waldgebirgs hinauf,
durch Laubgehölz und Tannendunkel zieht er
und birgt im Dickicht seinen scheuen Lauf . . .
Der Rennsteig ist's, die alte Landesscheide,
die von der Werra bis zur Saale rennt
und Recht und Sitte, Wildbahn und Gejaide
der Thüringer von dem der Franken trennt . . .
Geheimnis schwebt um Höhensaum und Schlucht.
Und wer zu hören weiß in frommem Lauschen,
wie herrlicher als Lied und Kunstgedicht
in stundenlangem, leisem Wipfelrauschen
des Waldes Seele mit sich selber spricht,
der muß, wenn sommerliche Lüfte wehen,
auf diesem Stieg als Wandrer sich ergehen.

»Wie in leisem Wipfelrauschen des Waldes Seele mit sich selber spricht . . .« Ilse mußte diese Worte immer vor sich hin sprechen. Noch im Einschlafen murmelte sie die Verse. Es war schön, mit Vater zu wandern. Er konnte so vieles erzählen.

»Früher war die Schwarza ein Grenzfluß zwischen zwei Staaten«, sagte er bei einer Rast am Fluß, »Schwarzburg-Sondershausen und Schwarzburg-Rudolstadt. Erbstreitigkeiten schufen dann die vielen Kleinstaaten: Sachsen-Coburg und Sachsen-Gotha, Meiningen und Altenburg und Sachsen-Weimar.«

»Daher auch die vielen Schlösser der Landesherren«, ergänzte Mutter.

»Und jetzt?« fragte Ilse.

». . . sind die vielen Kleinstaaten vereinigt, Sitz der Regierung ist Weimar.«

Vom berühmten Trippstein aus genossen die drei den Blick auf Schloß und Ort Schwarzburg. Rings von Wäldern umgeben, an der Flußschleife der Schwarza, trug der nach drei Seiten steil abfallende Bergrücken das weiße Schloß, in dem der Graf als Landesherr wohnte.

»Wie im Märchen«, fand Ilse und erträumte sich einen Prinzen, der, in schimmernder Rüstung, mit glänzendem Gefolge zum Schloß hinaufritt, wo ihn am Tor die schöne Tochter des Grafen empfing.

Am nächsten Morgen fuhren sie mit der Thüringer Waldbahn nach Gotha, um Heinrich in Schloß Friedenstein zu besuchen. Heinrich holte sie vom Bahnhof ab und führte sie durch die engen Gassen der kleinen Residenz, zum alten Rathaus und zum mittelalterlichen Marktplatz.

»Und wo ist nun das Schloß?« fragte Ilse ungeduldig.

»Wirst'n gleich sehn, den riesigen Wasserkopp, viel zu wuchtig für so 'n klee'n Stadtkörper«, spöttelte der Student.

Sie erstiegen den Schloßberg und fanden sich vor dem Schloß mit zwei riesigen, ungleichen Türmen und den Seitenflügeln mit viergeschossigen Pavillons. »Gehn mer rein?« Ilse konnte es kaum erwarten.

»Heute noch nicht«, dämpfte Vater die Unternehmungslust seiner Tochter.

Sie übernachteten in einer Villa in der Lindenauallee unterhalb des Schlosses, wo Ilse zu ihrer Überraschung Tante Hedy vorfand. Auch die Eltern hatten das nicht erwartet, jedenfalls schien es Ilse so.

»Daß Heinrich kein Wort davon gesagt hat«, hörte sie die Mutter sagen.

Heinrich hatte sie bis zur Tür begleitet und war dann umgekehrt.

Tante Hedy besuchte hier, wie sie erklärte, eine ältere Freundin, Frau von Bosse. Die hatte selbst ein Schloß ihr eigen genannt, es aber verkaufen müssen, weil sie es wegen zu hoher Belastung nicht länger hatte halten können. Frau von Bosse hatte auch zu den Anhängern von Muck-Lamberty gehört. Daher kannte sie Hedy.

»Deine Schwester hat ja wirklich überall interessante Freunde«, mußte Mutter zugeben. Wie meinte Mutter das? Ilse kam es manchmal so vor, als ob sie die beliebte Hedy um deren freundliches Wesen beneidete. Ihre kurz angebundene, strenge Art wirkte auf viele Menschen abweisend und machte es ihr schwer, mit anderen Leuten auszukommen. »Frau von Bosse möchte dem Direktor der Herzoglichen Bibliothek gerne ihre beachtliche Zinnsammlung verkaufen, aber da fehlt es wohl an Mitteln«, erzählte Hedy.

Am nächsten Tag besichtigte Mutter das Schloß mit den herzoglichen Barock- und Rokokomöbeln und dem wertvollen chinesischen Porzellan. Ilse ging mit Vater zu Heinrich in die Schloßbibliothek. Sie lernten deren Direktor, Freiherr Dr. von Schütz zu Dornberg, kennen, einen pferdegesichtigen Herrn mit schlohweißem Haar und betont aristokratischem Auftreten, der ständig durch die Räume eilte, gefolgt von seiner Sekretärin, der Diplom-Bibliothekarin Fräulein Lohmann, die dem Chef gerne »jederzeit mit Überstunden diente«, wie Heinrich sagte und hämisch hinzufügte: »... was der auch entsprechend ausnutzt.« Dann war da noch der sehr von sich überzeugte junge Doktor der Numismatik im Münzkabinett, der sich vom Direktor nichts sagen ließ – Heinrich: »Die gönn'n sich nich riech'n!«–, und der ältere Bibliothekssekretär, ein netter, humorvoller Mann mit dem Herzen auf dem rechten Fleck. »Komm mit in'n Turm«, forderte Heinrich Ilse auf.

Sie kletterten eine steile Treppe empor – es roch muffig und etwas süßlich. Oben im Turm standen auf hohen Gestellen bis zur Decke Bücher, Bücher aller Größen, staubbedeckt.

In einer Ecke stand an einem Pult ein kleiner Mann mit Kneifer, vor sich einen dicken Folianten, in dem er eifrig blätterte. »Das ist unser Dr. Winzig, Bibliothekar, hochgelehrt – wir wollen ihn nicht stören.«

Ilse hielt sich die Hand vor den Mund: »Heißt der wirklich so, wie er aussieht?«

»Nomen est omen«, sagte Heinrich.

»Na, wie war's?« erkundigte sich Vater am Abend. Er hatte sich in der Bibliothek in Werke über Architektur vertieft. Ilse holte tief Luft: »Ach ... so viele Bücher hab' ich noch nie gesehn. Ich möchte Bibe-Biblo-Bibliothekarin werden.«

»Schon wieder was Neues«, lachte Vater. »Ilschen, die Arbeit ist mindestens so schwer wie der Name.«

Heinrich fuhr am nächsten Morgen zum Schloß Reinhardsbrunn, das auch zum herzoglichen Besitz gehörte, und nahm Ilse mit. Er suchte dort nach verschollenen Gemälden. Das konnte spannend werden.

»Wieso verschollen, wurden die geklaut?« fragte Ilse.

»Nein, sie wurden im Krieg hier versteckt. Ich soll nach den Bildern suchen, die bis heute nicht aufgefunden und identifiziert werden konnten. Das ist meine Aufgabe, solange ich meinen Freund Max vertrete, der gerade Ferien macht. Kannst mir dabei helfen.«

Na und ob. Das war ja beinahe so spannend wie der Kriminalroman, den Marie immer auf ihrem Nachttisch liegen hatte. Ilse kroch auf Heinrichs Geheiß in Ecken und Winkel hinein, und diesmal hatte sie sogar keine Angst vor Spinnen oder Mäusen. Die sah sie zwar nicht, aber es raschelte verdächtig. »Das ist der Luftzug«, beruhigte sie Heinrich. Sie suchten im Thronsaal und in den herzoglichen Gemächern. Plötzlich kam sie aus einem Winkel hervorgekrochen, staubbedeckt, das Haar voller Spinnweben, und schwenkte ein kleines Ölbild. »Da ist 'n Todenkobb drauf und Blumen drum rum!«

»Mensch! Memento mori! *Das* Bild suche ich doch schon lange. Zeig her. Wenn es das ist ...«

Er wischte vorsichtig mit einem weichen Tuch den Staub ab und stellte das Gemälde vor sich hin. Sein Gesicht war ein einziges großes Ausrufungszeichen.

»Ilse, Mädchen, da hast du eine Nase gehabt wie ein alter Jagdhund. Das ist ein Fund! Allein dafür lohnt sich die Fahrt hierher.«

Das fanden auch Vater und Tante Hedy, als sie von der Entdeckung hörten. Nur Mutter meinte, und es sollte wohl scherzhaft klingen, klang aber nicht so: »Ein blindes Huhn findet auch mal ein Korn.«

Ilse schluckte, aber Tante Hedy fragte schnell: »Was hat es denn mit dem Fund auf sich?«

»Das Bild ist von einem unbekannten Meister aus dem 17. Jahrhundert und von kunsthistorischem Wert«, ereiferte sich Heinrich. »Unbegreiflich, daß man es in irgendeinem verstaubten Winkel aufspürt, wo es nicht einmal sachgemäß gelagert war.«

»Vielleicht doch geklaut und versteckt«, überlegte Ilse. So würde sie es jedenfalls den Freundinnen erzählen. Und natürlich Marie.

Als Heinrich das Bild am nächsten Tag dem Bibliothekssekretär zeigte, kratzte der sich verlegen am Kopf und brummte: »Wo haben Sie das gefunden?«

»Die junge Dame hier hat's entdeckt – wo denn, Ilse?«

»Weiß ich nich mehr genau . . .«

»Links neben dem Thronsaal, in einer Abseite?« fragte der alte Herr und lächelte verschmitzt. Wie ein Schuljunge, der einen Streich eingesteht.

Heinrich wurde hellhörig: »Woher wissen Sie das?«

»Na, weil ich das Bild dort selber versteckt habe.«

Der Direktor kam hinzu und drohte dem Alten mit dem Finger: »Sie alter Gauner, Sie! Warum haben Sie das getan?«

»Ich wollte doch nicht, daß Sie das Bild an diesen . . . diesen Kriegsgewinnler, wie heißt er noch . . .«

»Weidemann?«

»Richtig, ja, ich wollte nicht, daß Sie es an ihn verscherbeln. Deshalb hab' ich es versteckt.«

»Alter Spitzbube!« Der Direktor fing an zu lachen, strich sich über die weiße Mähne und zeigte sein Pferdegebiß. Er betrachtete liebevoll das Gemälde und reichte es dann seiner Sekretärin, die hinter ihm stand: »Der Restaurator Krüger soll es gleich in Arbeit nehmen. Übrigens . . .«, fügte er noch im Weggehen hinzu, ». . . hätte es mit dem Verkauf sowieso nicht geklappt. Die Frau des Schiebers hätte sich doch nicht einen Totenkopf an die Wand ihres Wohnzimmers gehängt. Memento mori!«

Ilse kam stolz mit einem in blaues Leder gebundenen Buch nach Hause – ein Geschenk des Direktors zur Belohnung für ihren »Fund«.

»Morgen ist unser letzter Tag hier in Gotha«, erinnerte Vater, »ich muß ins Büro, unbedingt.«

Ilse wäre so gerne noch länger geblieben. Vielleicht hätte sie noch eine wichtige Entdeckung gemacht?

An diesem Tag besuchten sie alle zusammen die Gemäldegalerie mit dem berühmten ›Gothaer Liebespaar‹.

»Es ist ein Gemälde des Hausbuchmeisters, etwa um 1480 entstanden, ein sehr kostbarer Besitz des Schloßmuseums. Und das ist weiß Gott nicht arm an Schätzen: Rubens, Cranach, van Dyck, Hals ... na, ihr werdet staunen«, versprach Heinrich. Zuerst staunte Ilse: Sie fand das Liebespaar etwas eigenartig.

»Ist das ein Mann, der mit den langen, roten Haaren? Der sieht ja wie ein Mädchen aus. Und die Frau dagegen ...« Ilse wußte nicht, wie sie sich ausdrücken sollte. »Na, jedenfalls viel älter.«

»Das macht die gewaltige Haube, die ihr Haar ganz verdeckt, so war die höfische Mode damals«, erklärte Vater. Hedy war dagegen ganz gefangen von dem Gemälde. Wie zart! Welch innige Versunkenheit der beiden Liebenden!

Sie versuchte den Spruch zu lesen, der in einem Band über dem Liebespaar schwebte:

»Un byllich het – sye es – gedan – want – ich han – es – sye – genissen – lan ...«

Ilse zuckte die Schultern: »Verstehe ich nicht!«

»Aber ich!« Heinrich amüsierte sich. »Ein Liebespaar ist doch was Schönes, damals wie heute!« Er legte den Arm um Hedy und lachte sie an. Sie lächelte zurück.

Die Eltern waren inzwischen in einen anderen Saal gegangen, in ein eifriges Gespräch vertieft. Ilse stand plötzlich ganz allein da. Keiner kümmerte sich um sie. Dabei hatte *sie* doch gestern das berühmte Bild gefunden.

Als Kind war man immer schlecht dran. Wie ungerecht waren die Erwachsenen.

Sie setzte sich in trotzigem Selbstmitleid auf eine Bank und hoffte, daß Hedy sie endlich bemerkte. Aber die ging mit Heinrich auf und ab, eng aneinandergeschmiegt. Ilses Enttäuschung wuchs.

»Hat deine Schwester mal wieder einen Verehrer gefunden oder gar einen Liebhaber?« bemerkte Mutter spitz, als sie mit Vater zurückkam. Der lachte: »Ach was, du kennst doch Heinrich. Aber schließlich hat es jedes weibliche Wesen gern, wenn man ihm seine Aufmerksamkeit schenkt.«

»So?« fragte Mutter gedehnt.

Jetzt machte sich Ilse bemerkbar: »Immer das Getue. Und mich guckt Hedy gar nicht mehr an.«

Da geschah etwas sehr Merkwürdiges.

Ein junges Mädchen kam in den Saal mit flotten Schritten. Ihre Absätze hackten ein Stakkato. Das kurze Haar hatte Ponys, die bis über die Augenbrauen reichten und die Augen fast verdeckten. Jetzt blitzte es unter den gemalten Lidern auf. Sie musterte Heinrich, der mit Hedy herbeikam, ungeniert von oben bis unten, die Hände leicht in die Hüften gestemmt: »Hier biste. Ich hab' gestern uff dich gewartet, mei Lieber!«

Heinrich ließ Hedy los. Sein Gesicht war auf einmal ganz rot. »Was fällt dir ein, Lilo! Ich habe Besuch von meiner Familie, wie du siehst!«

»Familje?« Sie lachte laut auf und funkelte Hedy an. »Scheene Familje! Und das soll ich dir glooben?«

Wütend ergriff Heinrich den Arm des Mädchens. »Entschuldigt mich bitte. Ich bin gleich wieder da.« Mit schnellen Schritten führte er sie hinaus.

Mutter lächelte maliziös, Vater sah ratlos Mutter an, dann Hedy. Aber die hatte sich auf eine Bank gesetzt, nahm den Handspiegel aus der Tasche und beschäftigte sich mit ihrer Frisur.

»Allabonnör, um mit Hildchen zu sprechen«, murmelte Vater.

Ilse rannte aus dem Saal, um Heinrich zu suchen. Dabei geriet sie in einen kleinen Abstellraum, dessen Tür halb angelehnt war.

Schnell lief sie zurück. »Die knutschen sich!« rief sie empört.

Alle schwiegen. Und schweigend machten sie sich auf den Heimweg. Unterwegs konnte Mutter sich nicht enthalten zu sagen: »Er war schon immer hinter den Weibern her, dieser Hallodri. Schon als Schuljunge.«

»Na, warum soll ein junger Mann sich nicht eine Freundin suchen, ist doch ganz normal, oder . . .?«

»Eben«, sagte Hedy und lächelte schon wieder.

Nur Ilse verstand das alles nicht. Erst Hedy und dann dieses Mädchen. Gothaer Liebespaare!

»Na, wie war's denn in Goda?« fragte Marie, als sie nach Hause kamen.

Ilse berichtete alles. Das mit dem Bild fand Marie nicht so aufregend. War kein echter Kriminalroman mit Einbruch, Mord und so. Aber die Liebesgeschichte: Heinrich und Hedy. Und Heinrich und die Lilo. Und Hedy und . . .

»Vielleicht wird doch was mit dem Stadler«, überlegte Marie. »Wie der ihr neulich die Hand gekissd hat! Härz'ch, hat er gesacht, härz'ch. Is ja ooch e' Wiener.«

Das Kaffeekränzchen

Sommer 1924

An den Tafelfreuden hat jedes Lebensalter, jeder Stand, jedes Land und jeder Tag seinen Anteil; sie lassen sich mit allen anderen Freuden verbinden und bleiben uns bis zuletzt treu, um uns über den Verlust der anderen zu trösten.

K. F. von Rumohr

Man traf sich zum Kaffeekränzchen bei Böhmes.

Ilse konnte es kaum erwarten, bis Mutters Freundinnen alle am runden Wohnzimmertisch Platz genommen hatten. Und dann platzte sie heraus: »Habt ihr wirklich ein Auto, Tante Lorenz?« Der üppigen Dame war es gar nicht recht, daß Ilse ihr zuvorgekommen war. Sie hatte diese Errungenschaft im Laufe des Nachmittags erwähnen wollen. So ganz nebenbei. Das hätte wie eine Rakete eingeschlagen.

»In der Schule ham se's erzählt. Kriegen wir auch 'n Auto, Mutti?«

Dieses Kind! Mutter wurde ärgerlich.

»Geh und mach deine Schularbeiten. Nachher kannst du dir ein Stück Erdbeertorte holen.«

»Hab' ich doch längst gemacht. Ich kann doch bleiben, Mutti?«

Ilse hörte zu gerne den Gesprächen der Erwachsenen zu. Nicht, um sich einzumischen. Das mit dem Auto war eine Ausnahme. Das hatte auf der Zunge gebrannt.

Das neue Rosenthal-Service machte sich gut auf der weißen Tischdecke mit Lochstickerei. Marie mahlte in der Küche den Kaffee in der Wandmühle. Sie war aus Porzellan und zeigte ein Delfter Muster. Es duftete herrlich, als Marie die Kaffeekanne hereintrug.

Hedy folgte mit der Erdbeertorte. Sie lächelte Ilse zu. Ein Lächeln, das wie ein Streicheln war. Ilse gab es zurück. Hedy war wie eine geliebte große Schwester.

Ilse hatte sich in den großen Ohrensessel zurückgezogen – ein Schneckenhaus, aus dem man die Damen der Reihe nach betrachten konnte, ohne beachtet zu werden.

Neben Mutter saß Frau Lewerenz. Sie war temperamentvoll und lachte oft. Ilse mochte sie deshalb gerne. Und auch, weil sie ihr aus dem Kaufhaus immer Bonbons mitbrachte. Heute waren es bunte Glasbonbons, die in der Mitte ein Muster hatten, das man herauslutschen konnte, eine Blume, einen Stern oder einen Ball.

Frau Lewerenz trug ein buntes Sommerkleid mit Blumen, so rot wie ihre Backen. Mutter sah dagegen fast schmächtig aus. Und blaß in ihrer weißen Bluse mit dem hochgestellten Kragen und dem schwarzen Samtband um den Hals, mit dunklen Augen unter breiten, schwarzen Brauen und jenem Ausdruck um den fast trotzig aufgeworfenen Mund, der sie unzufrieden erscheinen ließ.

Ein wenig spöttisch und von oben herab blickte Frau Lewerenz zu Fräulein Hellner, die ihr gegenüber saß. Die Lehrerin war hager und trug eine Nickelbrille. Sie sah aus, als fühlte sie sich nicht so recht wohl in dieser Damengesellschaft. War es Unsicherheit, oder glaubte sie, den andern überlegen zu sein? Sicher war sie zu ihren Schülern sehr streng.

Die Dame neben der Lehrerin war Frau Liening, die Frau des Pianoforte-Fabrikanten. Ein merkwürdiges Persönchen, klein, mit schwarzem Kraushaar und etwas stechenden Augen. Sie trug eine Leidensmiene zur Schau. Ilse fand sie – ja, wie? »Affektiert«, hatte Mutter einmal gesagt.

Eine Weile zogen sich die Gespräche mit Alltäglichkeiten hin. Da klopfte es, und Hildchen erschien. Mutter blickte die junge Schwägerin konsterniert an: Sie war doch nicht eingeladen!

»Darf ich oder störe ich?« Mit einem entwaffnenden Lächeln trat Hildchen näher.

»Bitte!« sagte Mutter knapp. »Marie, legen Sie noch ein Gedeck auf.«

»Ich hole es schon!« Ilse sprang auf und lief in die Küche.

In die Gesprächspause hinein, die entstanden war, platzte Frau Liening mit der Frage: »Ja, was ist es denn nun mit dem neuen Auto, Frau Lewerenz? Haben Sie Spaß dran?«

»Ein teurer Spaß, sicherlich!« sekundierte Fräulein Hellner mit süßsaurem Lächeln. Als Realschullehrerin würde sie sich diesen Luxus nie leisten können.

Frau Lewerenz lachte mit gewohnter Lautstärke. »Meinem Mann macht es jedenfalls großen Spaß. Es ist doch sehr angenehm, mit dem Opel nach Leipzig zu fahren zu den Gewandhauskonzerten oder in den Thüringer Wald. Und so mit 40 Stundenkilometern durch das Land zu brausen ist ein herrliches Gefühl.«

»Chic«, fand Hildchen und blinzelte Ilse zu.

»Ja, chic!« echote diese.

»Aber mit 40 Stundenkilometern!« entsetzte sich Hedy. »Bei solchem Tempo kann doch was Schlimmes passieren! Da fahr'n wir doch lieber mit der Kutsche, gell, Liesbeth?«

Mutter machte ihr ›schlaues‹ Gesicht, das Ilse schon kannte. Wenn die Lewerenz sich ein Auto leisten können, dann können wir's auch, dachte sie wohl. Aber sie sagte nichts.

Dafür redete Hildchen: »Wenn wir ein Auto hätten, würd' ich sofort fahren lernen.«

Das Echo folgte auf dem Fuß: »Ja, ich auch!«

»Na, da hast du wohl noch zehn Jahre Zeit, meine Kleine«, wies Fräulein Hellner Ilse zurecht. Und dann, zu den Damen gewandt: »Die Frau am Steuer ist ja heutzutage ein aktuelles Thema. Es gibt viele Sporterfolge für Frauen, die Rennen fahren. Das Damen-Handikap in Paris, die Herbstsporttage in Baden-Baden . . .«

»Da wollen wir ja diesmal auch hin«, hakte Frau Lewerenz ein. Doch sie fand anscheinend, daß dieses Thema nun genug diskutiert worden sei. »Aber mal was anderes. Fräulein Böhme . . .« redete sie Hedy an, ». . . ich habe gehört, Sie sind verlobt. Stimmt's?«

Hedy schoß die Röte in die Wangen und kletterte bis zum Haaransatz hinauf. Mutter räusperte sich – Takt schien nicht gerade die starke Seite von Frau Lewerenz zu sein.

»Ach, weißt du, Hedy hat sich von ihm getrennt. Es war zu . . . zu . . .« Jetzt kam sogar Mutter ins Stottern.

Was sollte sie sagen? Daß er sie einfach sitzengelassen hatte? Hedy hatte sich jetzt gefangen und legte die Karten offen auf den Tisch: »Seit er nach Wien zurückgefahren ist, habe ich nichts mehr von ihm gehört.«

Peinliches Schweigen. Solch ein ehrliches Bekenntnis hatte man wohl nicht erwartet. Ilse spitzte die Ohren. Sie blinzelte verstohlen zu Hildchen hinüber. Die kicherte in ihr Taschentuch und tat dann, als hätte sie sich verschluckt.

Mutter wollte verärgert das Thema wechseln, aber Frau Lewerenz bohrte genußvoll weiter: »Ich denke, Sie waren schon einmal verlobt? Vor ein paar Jahren? War es nicht dieser Muck-Lamberty, der so viel von sich reden machte?«

Die Lehrerin hob mit wissendem Lächeln den Finger. »Das war doch dieser sonderbare Heilige, der mit seiner Jüngerschar durch die Lande zog. In Wandervogeltracht und mit lang herabwallenden Haaren, die Hirtentasche umgehängt, wanderte er durch unsere thüringischen Städte, gefolgt von einer Schar junger Männer und Frauen, die in ihm den Propheten einer neuen Zeit sahen. Ich glaube, das war 1920 «

»Wie Jesus mit den Aposteln, der war auch ein Prophet. Nicht wahr, Tante Hedy?«

»So etwa«, lächelte Hedy. Sie hatte ihre Sicherheit wiedergewonnen.

»Und was predigte er, dieser Muck?« wollte Frau Lewerenz wissen.

»Na ja, das war eine Mischung von Sozialismus, Kommunismus und Religion«, dozierte die Hellner, »eine Art mystisches Naturevangelium, ein Symptom der Nachkriegszeit, mitten im Hin und Her der vielen Parteien unserer Republik.«

»Und wie war das mit dir, Hedy? Warst du auch mit dabei?« fragte Hildchen neugierig.

»Ja, eine Zeitlang habe ich mich der Gruppe angeschlossen. Es waren Menschen aus allen Kreisen, die zu ihm kamen. Arbeiter, Lehrer . . .« ein kleiner Seitenblick zu Fräulein Hellner, »Professoren, Künstler und Parteiführer von links bis rechts. Sie debattierten mit ihm auf den freien Plätzen der Stadt, in Kirchen und Schulen. Am Schluß sangen wir das Lied ›Meerstern, ich dich grüße‹, zumeist abends bei Kerzenschein. Es war sehr romantisch und bewegend. Als dann Muck-Lamberty im Winter mit seiner Schar auf der Leuchtenburg bei Kahla Quartier bezog – die Altenburger Regierung hatte sie ihm zur Verfügung gestellt –, war ich nicht mehr dabei. Es war so einiges gewesen, was mich doch störte.«

»Ja, sein Stern war damals schon im Verblassen, es sollen auf der Leuchtenburg merkwürdige Zustände ans Licht gekommen sein«, sagte Fräulein Hellner genüßlich. »Und als es sich herausstellte, daß eines der Mädchen seiner Schar – aus einer sehr angesehenen Familie – ein Kind von ihm erwartete, führte das zu der Auflösung seiner Anhängerschar.«

»Meerstern, ich dich grüße . . .« kicherte Hildchen.

Ein Kind von ihm erwartete! Mutter sah die Hellner mit einem warnenden Blick an. Hatte sie vergessen, daß ein zehnjähriges Kind zuhörte?

Da hakte auch schon Ilse ein: »Was für 'n Kind?«

»Du sollst dich nicht immer einmischen!« Mutters Ton erstickte jede weitere Frage.

»Und was macht er jetzt?« wandte sich Frau Lewerenz an Hedy. Noch war das Thema ja nicht hinreichend ausgeschöpft.

»Wie ich hörte, gründete er mit einigen seiner Getreuen, die ihm verblieben waren, eine Werkstätte für künstlerisches Spielzeug und andere Objekte der Kunsttischlerei. Aus dem öffentlichen Leben ist er jedenfalls ganz verschwunden.« Die Hellner hatte für die Angesprochene geantwortet.

Hedy lächelte ihr liebes Lächeln. »Ich war nie mit ihm verlobt«, sagte sie sanft zu Frau Lewerenz, »und ich hatte auch kein Verhältnis mit ihm, falls Sie das wissen wollen. Aber ich gebe zu, daß ich eine Zeitlang an seine Ideen von einer besseren Welt geglaubt habe.«

»Hedy glaubt immer an das Gute im Menschen, darum läßt sie sich leicht täuschen«, bemerkte Mutter etwas spitz.

»Awer mer soll doch an das Gute glaub'n, oder nich?« warf Ilse ein.

»Sächsele nicht so«, tadelte die Mutter.

Die Damen wechselten das Thema. Man sprach über die Inflation. Die war ja zum Glück vorbei, Gott sei Dank, aber sie würde noch Gesprächsstoff für Jahre bringen.

»Das waren verrückte Zeiten«, sagte Mutter und wies auf das Rosenthal-Service. »Aber für mich ist dies noch eine Erinnerung, über die ich nicht böse bin.«

Frau Lewerenz hatte als Geschäftsfrau viel beizutragen. »Statt Wetter war der Dollarkurs Tagesgespräch. Jeder Straßenjunge wußte darüber Bescheid. Wir mußten unser Geschäft mittags schließen, um den neuesten Kurs zu erfahren, damit wir am Nachmittag mit neuen Preisen öffnen konnten. Scheiß uff de arm'n Leide, warum ha'm se kee Geld, sagten die Raffkes.« Frau Lewerenz' Busen wogte vor Lachen auf und nieder.

»Max, du hast das Schieben raus, Schieben raus ...« sang Ilse begeistert in Erinnerung an das ›Eldorado‹. Hildchen warf ihr einen beschwörenden Blick zu und schüttelte ihr hübsches Köpfchen: »Aber jetzt haben wir ja wieder richtiges Geld.«

Die Damen Lewerenz und Liening wechselten einen kurzen Blick. Die hatte doch von den zwielichtigen Zeiten profitiert. Ihr Galan, der sie in die Tanzcafés einlud, war doch auch so eine Art Schieber gewesen, das war ja stadtbekannt!

Pause. Frau Liening wollte jetzt auch etwas zum Gespräch beitragen: »Haben Sie in den Zeitzer Nachrichten gelesen, daß Frau von Heyking auf Schloß Crossen gestorben ist?«

Ilse fuhr auf: Frau von Heyking? Ihre Retterin?

»Von Heyking? Wer ist das?« fragte Frau Lewerenz mit mäßigem Interesse. Aber gleich korrigierte sie sich: »Natürlich, die Baronin. Hatte die auch nicht so allerhand Affairen? Ihr erster Mann hat sich doch erschossen, weil sie 'ne Liebschaft mit dem Baron hatte, den sie heiraten wollte. Na, und dann das Buch mit den Briefen*, da soll doch auch ein Mann dahintergesteckt haben.«

* Das Buch mit dem Titel »›Briefe, die ihn nicht erreichten‹ erschien ab 1904 in 16 Auflagen.

»Trivialer Klatsch«, konterte Frau Liening verächtlich. »Man soll den Leidensweg einer klugen Frau nicht so beschmutzen.«

Auf einmal machte sich etwas Mißstimmung breit. Frau Lewerenz schwieg beleidigt. Fräulein Hellner meinte noch, daß man sich nach der Todesursache erkundigen sollte. Sie hätte eine Bekannte, die Schwester des Apothekers, von dem die Baronin ihre Medikamente bezog. Der wollte sie schreiben, um mehr über diese geistvolle Frau zu erfahren. Frau Lewerenz merkte die Spitze.

Fräulein Hellner stand auf und gab damit das Startsignal für den allgemeinen Aufbruch. »Sie werden mich entschuldigen, meine Damen, ich habe noch Hefte zu korrigieren. Es war wie immer ganz reizend, meine liebe Frau Böhme. Und die Erdbeertorte ein Gedicht.«

Marie räumte den Tisch ab. Ilse hängte sich an Hedys Arm, während Mutter noch die Damen hinausbegleitete.

»Tante Hedy, du mußt mir erzählen, warum, also warum du ... warum ist dein Bräutigam nach Wien gefahren?«

»Weil er eben in Wien zu Hause ist.«

Hatte Mutter deshalb einmal gesagt: Ausländer haben wenig Ausdauer?

»Und warum schreibste ihm nich?«

»Nein«, Hedy bekam einen harten Zug um den Mund, der so gar nicht zu ihr paßte, »sicher hat er mich schon vergessen.«

Damit ließ sie Ilse stehen, nahm ihren Mantel und verließ schnell das Haus.

Marie sah Hedy mitfühlend nach: »Nu trauerd se wees Knebbchen schon iebern Jahr um den Kerle. Verdiend der gar nich. Awer Dunnerliddchen, in den hätt'ch mich ooch verguckt. Un adlich isser ooch.«

Diesmal half Ilse freiwillig beim Geschirrabtrocknen. »Kennst du'n denn?«

»Nu freilich, Hedy hat'n doch dein'n Eldern vorgeschdelld: Herr von Wangenheim aus Wien.« Marie verdrehte die Augen.

»Un warum ha'm se nich geheiratet?«

»Nu, weil er 'n Feichling ist. Hat sich mit ihr verlobt, fuhr fort un kam nich wieder. So sin de Männer.«

»Gemeinheit!« Ilse stampfte mit dem Fuß auf.

»Uff 'n Ball inner ›Harmonie‹ ha'm se sich kennengelernd. E scheenes Baar war'n se, die zwee. Awer nu soll se dem nich länger nachdrauern.«

Marie räumte lärmend das Geschirr ein.

Ilse dachte an die Strophe, die Hedy ihr vorgesungen hatte: »... ich hab' amal ein Räuscherl g'habt. Wie oft denk' ich daran zurück, denk' an die wunderschöne Nacht, denk' an die Stund' voll Lust und Glück ...«

»So 'ne Frau wie Hedy kriegt der nich wieder, so lieb un so schön wie die is!« Marie sah Ilse mit schrägem Blick an: »Weeßde, du mußt dir das nich so mergen lassen, wie du an Hedy hängen dust. Deine Mudder ist ooch noch da. Die wird eifersichtch.« Marie stelzte in die Speisekammer.

»Wo hast'n deine Bandoffeln?« Ilse wunderte sich, daß Marie heute Lackschuhe trug. Jetzt waren doch die Damen fortgegangen.

»Eener is wech, un wemmer e Baar Laadschn hat un mer hat bloß noch eenen, da nudzen een alle beede nischt.« Marie seufzte. »Is wie mit de Menschen.«

Das Zahlenspiel

Sommer 1924

Das Größte ist das Alphabet,
denn alle Weisheit steckt darin.
Aber nur der erkennt den Sinn,
der's recht zusammenzusetzen versteht.
Emanuel Geibel

Der neue Lehrer, der in Mathematik unterrichtete, hatte ein Cäsarenprofil, einen dunklen Lockenkopf, braune, sehr warme Augen und eine kühne Adlernase. Er war der Schwarm der ganzen Klasse. Man wußte, daß er aus dem Süden stammte und die Tochter eines Rittergutsbesitzers aus Raselwitz geheiratet hatte. Jeden Morgen brachte ihn ein Landauer zur Schule, und mittags holte ihn manchmal seine junge Frau ab. Wenn er den Arm unter den ihren schob, um ihr in den Wagen zu helfen, verfolgten neidvolle Mädchenaugen diese Kavaliersgeste.

»Daß der schon verheiratet ist«, meinte die schöne Carola, die Neue.

»Na gloobste, der hädde uff dich grad gewardet? Wie alt bist'n?« amüsierte sich Ulla. Carola bockte.

»Ich bitte um Ruhe«, ermahnte Dr. Schönemann und nahm auf dem Katheder Platz. »Wir wollen heute einmal über Zahlen sprechen.« Der Unterricht bei diesem jungen Lehrer, der in der Schule nur der ›Römer‹ hieß, war immer originell und unterhaltsam, ganz anders als bei dem alten Studienrat, der pensioniert worden war und dessen langatmige Art Ilse das Rechnen ziemlich vergrault hatte. Er hatte auch immer durchblicken lassen, daß er es überflüssig fand, Mädchen mehr als das Kücheneinmaleins beizubringen.

Des Römers unkonventionelle Methoden wurden weder von ihm noch von einigen anderen Kollegen geschätzt. Aber daraus machte der sich wenig. Daß die Zensuren sich in der Klasse deutlich gebessert hatten, seit er unterrichtete, war ihm Anerkennung genug. »Was ist eine Zahl?« fragte der Römer.

Schweigen.

»Ein mathematischer Begriff. Und mit ihm wollen wir heute ein wenig spielen. Wir zählen also einmal von null bis – sagen wir dreizehn. Was fällt dir bei null ein?«

Er tippte auf Carola, die errötete und schwieg.

»Der ist eine Null, sagt man«, meinte Ulla, »also ein Nichts.«

»Die Null ist gar keine Zahl«, meldete sich Edith zu Wort.

»Hm. Und doch kann die Null einer Zahl großen Wert geben, das haben wir zur Genüge gemerkt!«

»Sechs Nullen hinter einer Eins, und schon ist es eine Million!«

»Und dann kommt die Billion!«

»Und die Trillion ...«

»Kinder der Inflation«, murmelte der Römer. Und lauter: »So, und was ist mit der Eins?«

»Mit der Eins fängt alles an.«

»Der Erste ist der Beste.«

»Einmal ist keinmal.«

Und Ulla überschrie alle: »Wenn'ch in Rechnen 'ne Eins kriech, wer'ch Frau Brofessor.«

»Krichste aber nie!« stichelte Ilse.

»Eins und eins, das sind zwei! Das ist die Grundformel des Einmaleins.«

»Ja, und zwei sind ein Paar«, sagte Carola mit schwärmerischem Augenaufschlag.

»Zwillinge, Zwielicht, Zwist, Zweikampf ...« schwirrte es durch das Klassenzimmer.

Nun zur Drei. Das schien eine besonders wichtige Zahl zu sein. »Aller guten Dinge sind drei«, meinte Hannelore.

»Glaube, Liebe, Hoffnung, diese drei!«

»Mein Hut, der hat drei Ecken ...« sang Kläre.

»Eins, zwei, drei im Sauseschritt läuft die Zeit, wir laufen mit!« rief Ilse, die Wilhelm Busch innig liebte.

»Du mußt es dreimal sagen.«

»Die Heiligen Drei Könige.«

»Und schließlich«, ergänzte der Römer, »Vater, Sohn und Heiliger Geist, die Dreifaltigkeit. Ihr seht, Zahlen haben ihre Bedeutung.«

Er ging zur Tafel und zeichnete mit Kreide ein – »Nun, was ist das, Minni?«

»Ein Quadrat.«

»Richtig, und es hat ...«

»Vier Seiten.«

»Wenn man darauf eine vierseitige Pyramide stellt, haben wir einen Tetraeder. So! Was wißt ihr noch über die Zahl Vier?«

»Es gibt vier Elemente: Feuer, Wasser, Erde, Luft.«

»Vier Jahreszeiten.«

»Vier Himmelsrichtungen.«

»Ein Kleeblatt mit vier Blättern ist ein Glücksklee.«

»Hat jemand von euch schon einmal ein vierblättriges Kleeblatt gefunden?«

Ilse meldete sich: »Ja, ich. Auf der Wiese in Aylsdorf.«

»Und hat es dir Glück gebracht?«

»Wees nich, nächst'n Dach hab'ch mer'n Arm gebrochn.«

Alles lachte, auch der Römer.

»Vier Instrumente bilden ein Quartett«, ergänzte Waltraud, die Geige spielte.

»Und um welche Instrumente handelt es sich da?«

»Um Geige, Viola, Flöte und Cello.«

»Gut, Waltraud. Seht ihr, daraus lernen wir, daß Zahlen Ordnung und Klarheit schaffen. Sie haben ihre bestimmten Gesetze, gehören zum Glauben, aber auch zum Aberglauben. Zum Beispiel die Zahl Fünf.«

»O ja, fünf Finger hat mer an der Hand«, rief Ulla und hielt ihre Rechte mit gespreizten Fingern hoch.

»Die fünf Sinne!«

»Fünf grade sein lassen.«

»Das fünfte Rad am Wagen ist einer, der nicht dazugehört.«

So rief alles durcheinander.

»Stimmt«, der Römer klatschte in die Hände, um sich Gehör zu verschaffen, »aber mit dem Aberglauben habe ich etwas anderes gemeint.« Er zeichnete einen fünfzackigen, geschlossenen Stern an die Tafel. »Das ist ein sogenanntes Pentagramm. Und das hat zu tun mit Hexenküche und Zauberspuk, mit Glauben und Aberglauben. So läßt Goethe im ›Faust‹ Mephisto sagen: ›Das Pentagramma macht mir Pein‹, der Teufel kann nicht über die Schwelle; der Dämonenriegel oder Druidenfuß hindert ihn daran.«

Der Druidenfuß regte Ilses Phantasie an. Darüber müßte man ein Märchen schreiben, dachte sie.

Was gab es über die Sechs zu sagen?

»Die Sechs ist beim Würfelspiel der höchste Wert.«

»Es gibt den Sechser und Sixpence in England.«

»Ein Hexagramm ist ein sechseckiger Stern.«

Ilse blieb beim Mystischen: »Man hat den sechsten Sinn.« Sie wollte noch hinzufügen: »Unsere Marie glaubt, daß sie ihn hat. Aber Tante Pauline bestimmt, das weiß ich.« Sie unterließ es dann doch. Sollte sie etwa die Sache mit Heinrich erzählen?

Inzwischen war man schon bei der Sieben. Da hagelte es nur so von Rufen:

»Die sieben Todsünden.«

»Die sieben Plagen der Bibel.«
»Die sieben Wochentage.«
»Die Sieben Weltwunder.«
»Das Siebengestirn.«
Und Carola natürlich: »Das verflixte siebente Jahr!«
»Ihr solltet lieber an Märchen denken«, lachte der Römer.
O ja: die sieben Zwerge, die Sieben-Meilen-Stiefel, die Sieben Raben ... Und Ilse reimte: »Die Sieben Schwaben!« Das war ein Spaß! Bei der Acht wurde es schon schwieriger. Da gab es das Glücksrad, das Acht-Speichen-Rad. Aber sonst?
»Der achte Schöpfungstag!«
Der Römer zeichnete inzwischen ein gleichseitiges Achteck an die Tafel. »Das nennt man ein Oktogon, das beim Bau christlicher Kirchen zugrunde gelegt wurde. Ein Beispiel ist die achteckige Kaiserkapelle des Münsters in Aachen und das Schloß Castel del Monte in Sizilien, erbaut von Friedich II.«
»Friedrich der Große«, berichtigte Ilse.
Der Römer lächelte: »Dieser Friedrich ist zwar auch ein großer, aber er war ein römisch-deutscher Kaiser und lebte vor siebenhundert Jahren. Im Geschichtsunterricht werdet ihr den Hohenstaufer noch kennenlernen.«
»Alle neune«, hieß es beim Kegeln. »Die wirft mein Vater immer«, verkündete Minni stolz.
»›Ach du griene Neine‹, sagt unsere Marie«, warf Ilse ein.
»Die neun Musen, Töchter des Zeus, sind Göttinnen der Künste«, erklärte der Lehrer.
Die Zehn! Eine wichtige Zahl, fand der Römer. Denn an den zehn Fingern zählt man ab. »Und unser Geldsystem basiert auf der Zehn. Man nennt das Dezimalsystem. Zehn Pfennige sind ein Groschen, zehn Groschen eine Mark. Der Zehnte ist eine Steuer.«
»Die Zehn Gebote der Bibel darf man nicht vergessen«, rief Edith.
»Der 11. 11. ist Beginn des Karnevals, in München heißt er Fasching.« Der Römer lächelte und lachte dann laut auf, als Ilse verkündete: »Am 11. 11. 1911 abends um elf hat mein Vater meine Mutter kennengelernt, das hat mir Tante Hedy erzählt.«
»Da siehst du, Ilse, wie Zahlen Einschnitte im Leben bedeuten können.«
»Zwölf Jahre ist schon unser Hund, und der ist ein alter Mann«, sagte Hannelore.
»Zwölf sind ein Dutzend.«
»Zwölf Monate hat das Jahr.«

»Jesus hatte zwölf Jünger.«

»Um zwölf Uhr nachts ist Geisterstunde, huuu ...« rief Ulla und stieß Ilse an: »Denkste noch, was Marie sagt: Euer Haus ist ein Spukhaus.«

»Quatsch«, Ilse war fast böse auf die Freundin, denn von überall wandten sich ihnen neugierige Gesichter zu.

Der Lehrer blickte auf seine Uhr. »Ich glaube, jetzt schlägt es dreizehn! Die Stunde müßte schon um sein.«

»Immer sind es die ungeraden Zahlen, die so was Geheimnisvolles haben«, fand Ilse, »so was Beschwörendes.«

Edith nickte: »Und die Dreizehn ist die schlimmste Unglückszahl.«

»Und warum, Edith?«

»Weil, ich weiß nicht, weil man nicht gerne dreizehn Leute am Tisch sitzen hat.«

»In unserm Hotel gibt es keine Zimmernummer 13. Da heißt es 12 a. Sonst würd' da keiner wohnen wollen.« Minni war stolz, daß sie ein so realistisches Beispiel geben konnte.

»Und die dreizehnte Fee bei Schneewittchen verkündete Unheil«, ergänzte Waltraud.

Jetzt klingelte es. »Schade ...« meinte die Klasse.

Der Römer nickte: »Seht ihr, so werden Zahlen zu Symbolen. Für den Mathematiker, den Wissenschaftler, den Techniker sind Zahlen sozusagen friedliche Soldaten, mit denen er neue Erkenntnisse erkämpft, die über mathematische Formeln neue Dimensionen eröffnen und die sogar zu einem veränderten Weltbild führen können. So müßt ihr die Mathematik sehen.«

Die Tür öffnete sich, und Fräulein Brinkmann, die Klassenlehrerin, kam herein. »Also das habe ich noch nicht erlebt, längst Pause, und alle sind noch auf den Plätzen. Sie sind ja ein Tausendsassa, Dr. Schönemann.«

»Bis tausend sind wir noch längst nicht gekommen, verehrte Kollegin.«

»Aber morgen werden Sie bis zum Knittelholz kommen! *Sie* sollen nämlich morgen mit meiner Klasse einen Ausflug machen. Aber ich warne Sie: Morgen ist Freitag, der 13. Juni.«

In der Klasse brach ein Höllenlärm los. Schulfrei! Und dazu noch mit dem Römer einen Ausflug in das Knittelholz.

Carola lächelte versonnen und spielte mit ihren offenen Haaren.

Ulla sprang auf die Bank und krähte: »De Dreizähn is doch eene Glickszahl! Was sachen Se nu, Herr Dr. Scheenemann?«

Der Römer sagte nichts. Er hatte vorgehabt, weil auf seinem Plan nur zwei Stunden Unterricht standen, mit seiner Frau eine lange Spazierfahrt zu machen. Sie brauchte jetzt seine Nähe, denn sie erwartete ihr erstes Kind.

1 + 1 = 3! Das war seine ganz private mathematische Formel.

Im ›Ferdlstall‹

Sommer 1924

Der Mensch wird in seinen verschiedenen Lebensstufen wohl ein anderer, aber ich kann nicht sagen, daß er ein besserer werde ... Man sieht auf dem einen Standpunkt ein Stück Welt mehr als auf dem anderen. Aber das ist auch alles ...

Goethe

Heinrich, dieser fröhliche Bruder der Mutter, hatte es Ilse versprochen: »Ich nehme dich einmal mit zu Ferd!« Auf Ilse hatte der rotschopfige, stelzbeinige Maler einen ungeheuren Eindruck gemacht, weil er so gänzlich aus dem Rahmen der bürgerlichen Gesellschaft fiel.

»Zum Atelierfest kann ich dich nicht gerade mitnehmen, da mußte noch zulegen – ich meine, an Jahren! Und auch so!«

Heinrich grinste. Zum Glück hatte Mutter es nicht gehört. Seitdem löcherte Ilse ihren jungen Onkel, sobald er auftauchte: »Wann gehen wir endlich zu Ferd?«

Und dann war es eines Tages soweit. »Los, Ilse, heut' wollen wir in die Rahnstraße.«

Ilse war so aufgeregt, daß sie sich zwei verschiedene Schuhe anzog. »Macht nichts, bei Ferd spielt das überhaupt keine Rolle, im Gegenteil«, lachte Heinrich. Doch Ilse korrigierte noch schnell dieses Versehen.

Die Rahnstraße war nicht weit. Aber sie gingen nicht in das Vorderhaus, das einen gutbürgerlichen Eindruck machte, sondern überquerten einen engen Hinterhof. Da gab es dann eine kleine Tür mit einem eisernen Türklopfer in Hufeisenform. Die Tür öffnete sich, und sie betraten einen großen, hellen Raum, in dem Ferd, der Maler, vor seiner Staffelei stand.

»Na, was machen deine Mächens?« war die erste Frage von Ferd an Heinrich. Er gab Ilse die Hand: »Die Kleene kenn' ich doch, ich globe, mer hab'n uns bei der Abodege gesehn?«

Ilse nickte. Heinrich trat an die Staffelei und betrachtete Ferds Werk. Ilse schaute sich um. Überall standen Bilder, Farbtöpfe, Pinsel und Skizzen. Und jetzt entdeckte Ilse erst, daß noch jemand im Raum war: ein Mädchen oder eine junge Frau, vollkommen nackt, die Ferd mit breitem Grinsen als »mein Modell« vorstellte.

Eine nackte Frau! Ilse hatte ihre Mutter nie ohne Bekleidung gesehen. Aber so sahen wohl die Frauen aus, die auf den Bildern der großen Maler zu sehen waren.

Trotzdem: Ilse war vollkommen verwirrt.

Das ›Modell‹ lachte: »Na, nu schenier dich nich, wirst ooch mal so aussehn!« Heinrich wagte einige anerkennende Blicke zu der Schönheit auf dem Sofa. Dann unterhielt er sich mit Ferd. »Was hat denn der Amtsrat von Ihnen gewollt?« fragte er. »Als er Sie in das Rathaus bestellt hat.« Aha – dachte Ilse. Heinrichs Besuch hatte also einen Zweck

»Ach der«, sagte Ferd und malte weiter, »das war bloß wegen des Fragebogens.«

»Na, und?«

»Ich bin ja schließlich in Zeitz geschätzt.«

»Stimmt's nicht, Ferd?«

Der grinste. Sein mageres Gesicht verzog sich zur Maske.

»Von 'n paar Freunden ja, awer nich vonner Öffentlichkeit. Ich bin 'n freier Mann, hab' ich gesagt. Hab' ich gesagt. Brauche keine Rücksichten zu nehmen. Ich tu das, was ich will und muß.«

»O Gott, was hat denn der Bürokratenheini dazu gesagt?«

»Och weeßte, er war eigentlich ganz patent. Rücksichten müßde nu eenmal jeder nehmen. Un er hätte die Bürokratie nich erfunden. Haben Sie nachts grüngesprenkelte Beene, Herr Röder? hat er mich gefragt.«

»Das haben Sie in den Fragebogen geschrieben?«

»Nich mehr wie Sie, Herr Amtsrat, hab' ich gesagt, nich mehr wie Sie. Er wollte vernünftig mit mir reden, war seine Antwort. Aber, was heeßt vernünftig? Nee: würd' ich denn hier in Zeitz abstrakte Bilder malen, wenn ich 'n vernünftiger Mensch wäre?«

Die junge Frau, das ›Modell‹, hüllte sich in einen Morgenmantel mit orientalischen Motiven und trat hinzu. »Jetzt hörste doch auf zu malen. Soll ich 'n Tee machen?«

»Tee?« Ferd hob die Schultern. »Haste nich 'n Seelentröster? Oder was zur Inspiration?«

Heinrich lachte sein jungenhaftes Lachen, und es tat Ilse in dieser für sie undurchschaubaren Situation ungeheuer wohl, denn es klang vertraut und verständlich. »Na klar. Meinen Sie, ich bin ohne Entree gekommen?« Er holte eine Flasche aus der Manteltasche.

»Alter Consten«, nickte Ferd anerkennend. »Das ist 'ne stille Stunde wert. Los, Mächen, hol Gläser, und wenn de keene saubern findst, spül se ab.«

Die junge Frau hatte auf einmal lustige braune Augen und sah in dem Mantel ganz anders aus. »Diesen Verrückten muß man lassen, wie er ist. Es muß auch solche schrägen Vögel geben, newahr?« Ferd überhörte das. Er mischte Gelb und Blau auf seiner Palette und klatschte ein krasses Grün in die linke Ecke seines Bildes. Die junge Frau – wie sie hieß, blieb für Ilse ewig unklar, denn Ferd nannte sie nur »Mächen« – holte Gläser, aber brachte für Ilse eine Limonade. Die Männer und das ›Modell‹ kuschelten sich in die Sofas und Sessel, tranken sich zu.

»Haben Sie eigentlich früher auch mal gegenständlich gemalt?« fragte Heinrich.

Ferd war eine ganze Weile stumm, trank noch einen Schnaps und sagte dann fast bedächtig: »Nach 'm Krieg war ich Impressionist, dann waren surrealistische Einflüsse da. Langsam habe ich meinen Weg gefunden. Oder ich glaube es.«

»Kann man denn so wandelbar sein?« fragte Heinrich.

»Na klar, das müssen Sie ja auch wissen.«

Ilse fiel es auf, daß selbst Ferd in eine andere Redeweise verfiel. Er duzte Heinrich nicht mehr – auf einmal verlief die Diskussion in anderen Bahnen. Für sie nicht verständlich, aber irgendwie erregte sie dies Gespräch.

»Ich befinde mich mit dieser Wandelbarkeit in bester Gesellschaft«, sagte Ferd, und er sprach ohne Dialekt. »Auch Picasso begann als Impressionist, weil dieser Stil eben Ausdruck der Zeit war. Der Künstler findet ja heute keinen bestimmten, verbindlichen Stil vor wie seinerzeit die mittelalterlichen und barocken Künstler, die ja auch dokumentarische Arbeit leisten mußten, die uns die Fotografie abgenommen hat. Seit hundert Jahren suchen wir nach dem unserm Lebensgefühl entsprechenden Stil. Und so ist es auch Picasso nicht übelzunehmen, wenn er nach dem Krieg und dem Zusammenbruch der heiteren, oberflächlichen Welt, wie sie sich im Impressionismus widerspiegelt, nach neuen . . .« Ferd stockte, goß sich wieder ein Glas ein, »Formen, Erkenntnissen, Übersetzungen sucht.«

Ilse wurde das Gespräch zu langweilig. Sie hatte ihre Limonade ausgetrunken und streifte durch das Atelier.

Das Modell, nunmehr eine hübsche junge Dame im Morgenmantel, fragte: »Du liebst Picasso wohl sehr?«

»Er ist ein Genie«, sagte Ferd.

»Aber . . .« die junge Frau stockte, »ich habe gelernt, in der Kunst soll sich die Wahrheit mit Schönheit verbinden, und manche geometrischen Spielereien sind doch von abstoßender Häßlichkeit. Ich meine Picasso . . .« fügte sie fast entschuldigend hinzu.

Ferd beugte sich zu ihr. »Du braves, bürgerliches Mädchen mit eingekerbtem Kunstverständnis. Hast du nicht selber den Absprung gewagt? Wenn deine Eltern in Gera wüßten, daß du hier nackt Modell sitzt – was würden sie tun?«

»Mich rausschmeißen, was sie sowieso getan haben«, sagte die junge Frau.

»Wie heißt du?« fragte Heinrich.

»Was ist ein Name? Getauft bin ich auf den braven deutschen Namen Emma. So hat Morgenstern auch die Möwen genannt. Nenn mich, wie du willst!« Sie rückte näher an Heinrich heran. »Aber bitte: bloß nicht Emmy!«

»Aber vielleicht . . . ach was, Namen ergeben sich erst aus einer Gemeinschaft, aus einem Ich und Du!«

Sie lächelte zurück: »Da sind der Phantasie keine Grenzen gesetzt. Übrigens ist das schönste Wort, das es gibt, das DU! Mehr braucht man nicht. Keine Mäuschen, Spätzchen, Liebling, Schätzchen . . . Sie sind Tarnung für eine schon längst versiegte Liebe oder gar andere Motive, die es psychologisch zu erklären gilt.«

Heinrich zerschmolz wie Butter unter Julisonne. Solch eine Frau hatte er noch nie erlebt. Und er war, weiß Gott, nicht unerfahren.

Ferd, vom Alkohol inspiriert, dozierte weiter. »Naturalismus in der Kunst gibt es nicht, das wäre ein Kopieren der Natur und keine Kunst. Heute spielen wieder die Symbole eine große Rolle.«

Ilse war durch das Atelier gewandert. Die Unterhaltung der Erwachsenen interessierte sie nicht. Vor einem Bild blieb sie stehen: »Wie ein Stück Himmel sieht das aus, durch ein riesengroßes Fernrohr gesehen!«

Ferd sprang auf. »Mächen, du hast ganz recht. Aber nur Kinder und Narren begreifen die Wahrheit!«

Ilse hatte beim Herumstreifen ein Schaukelpferd entdeckt. In ihren Gedanken verwandelte es sich in den braven Hans, und sie ritt mit ihm in die ›Schwemme‹.

»So was möcht' ich auch ha'm!«

Sie streichelte das Holzpferd.

Heinrich hob den leicht schwankenden Finger: »Kennst du das Wort Bescheidenheit? Diese Einzelkinder, die keine Geschwister haben! Immer nur haben wollen!«

Ilse wehrte ab: »Hab' ja bloß Spaß gemacht!«

Inzwischen wurden die Dialoge zwischen Heinrich und Ferd heftiger.

»Solche abstrakten Spielereien«, Heinrich wies auf ein Bild, das aus Kreisen und bunten Farbflecken bestand, wie er meinte, »ich bin ein Realist, ich sehe darin keinen Sinn . . .«

»Wieso?« konterte Ferd. »Die Natur offenbart sich ja nicht nur in organischen, sondern auch in geometrischen Formen – es gibt Blüte *und* Kristall!«

Ilse wurde aufmerksam. Kristall – Schneekristalle. Der ›Römer‹ hatte erzählt, wie unter einem Mikroskop Schnee aussieht, und hatte die Sterne in ihrer Vielfalt an die Tafel gemalt.

»Richtig, Kleene«, sagte Ferd, »warum soll ein Maler bloß Tische und Stühle und Häuser malen, frag' ich dich.«

Ilse ahnte noch nicht, was dieser Besuch in Ferds Atelier für sie bedeuten sollte. Aber sie wußte, daß sie sich mit dem, was sie hier gesehen hatte, noch nicht zufriedengeben würde.

»Kommst du zum nächsten Atelierfest?« fragte Emmy, die ›Möwe‹, zum Abschied. »Ich glaube, der Ringelnatz wird auch kommen. Er tritt in Halle und in Leipzig auf, liest aus seinem ›Kuttel Daddeldu‹ und macht vielleicht 'n Abstecher zu uns!?«

Sie lächelte Heinrich betörend an. Er streichelte ihr Haar und zuckte die Schultern, mit einem Blick zu Ferd: »Na – wer weiß?«

Sie zog den Morgenmantel enger um die schmale Figur. Und während sie wieder zu ihrem Sofa zurückging und den Mantel fallen ließ: »Ich meinte nur so. Die hier, die sind doch alle – na ja – so von gestern. Aber du, du bist was andres!«

Auf dem Nachhauseweg schwieg Heinrich. Ilse kam das sonderbar vor. Denn sein Redefluß war sonst kaum zu stoppen.

»Weißt du, Ilse«, sagte er schließlich, aber er sprach mehr zu sich selbst, »die Möwen sehen so schön aus, und man besingt sie, aber im Grunde sind es habgierige Vögel.« Er schwieg. »Ringelnatz hat seine Frau Muschelkalk genannt. Ich weiß nicht, warum. Aber Muschelkalk ist etwas Naturgewachsenes und Zerbrechliches, Zartes, Helles. Und doch etwas, was Bestand hat.«

»Der spinnt, der Heinrich«, dachte Ilse. »Der is doch sonst nich so. Sie spinnen überhaupt alle. Rin-gel-natz- . . . Kuttel-Daddel-du . . .«

Sie beschloß, nachts im Bett nachzusehen, ob sie auch grüngesprenkelte Beine hatte.

Crossen
Sommer 1924

Ich sah in alten Zeiten
die Kaiser und die Herrn
im Lande ziehn und reiten.
Wie liegt das heut so fern!

Der Brief aus Crossen traf tatsächlich bei Fräulein Hellner ein: Else Seidel, die Schwester des Apothekers, schrieb: *Nun ist Elisabeth von Heyking, diese geistvolle Frau, gestorben, nachdem sie seit 1890 wieder auf Schloß Crossen lebte, das sie, die Weltbürgerin, immer als ihre Heimat empfunden hatte. »Alles Irdische ist eitel, wir Menschen sind nur Rohstoff in der Hand der Weltenschöpfung . . .« hatte sie in ihren Schriften gesagt. Und wie vieles in ihrem Leben, so war auch ihr Begräbnis in Crossen, mit vielen Gästen aus Berlin, pompös . . .*

Ilse imponierte das natürlich. Für sie war diese Frau die außergewöhnlichste Erscheinung, die sie erlebt hatte. Und deshalb bohrte sie immer wieder nach: Können wir nicht einmal nach Crossen fahren?

An einem Sommertag wurde ihr Wunsch erfüllt. Es war ein Tag wie aus einem Kindertraum: Kutschfahrt, Sommersonne, Rittersporn in den Gärten, Kornblumen, in der Ferne der blaue Bogen des Waldes.

Ilse saß neben dem Vater auf dem Kutschbock. Sie sah ihn an: sein markantes Profil, die aschblonden Haare wehten in die Stirn, seine kräftigen Hände hielten die Zügel, mit Stolz auf die beiden Braunen vielleicht auch Stolz auf seine Familie, glücklich über diesen schönen Sommertag.

Das waren Augenblicke, die man nie im Leben vergißt.

Ulla war wie üblich mitgekommen, auch Fräulein Hellner, die ja im Grunde die Weichen für diese Fahrt gestellt hatte. Die Kinder pflückten im Fahren von den Chausseebäumen Kirschen, die ihnen fast in den Mund wuchsen.

Es ist so schön, mit dir zu fahren, Vati! sagte Ilse zu sich selbst – laut sagte sie es nicht. Sie fühlte plötzlich so etwas wie Wehmut, die einen manchmal überkommt, wenn man sehr glücklich ist.

Singend zogen sie in Crossen ein:
»Hab' mein' Wagen vollgeladen
Voll mit jungen Mädchen . . .«

Crossen war ein alter Flößer-Ort; auf dem Elster-Saale-Floßgraben, dessen Reste noch zu erkennen waren, wurde seit dem 15. Jahrhundert geflößt. Das erzählte Else Seidel, die schon vor einem Gasthof auf die Zeitzer Freunde wartete. Sie hatte die Erlaubnis des Verwalters erwirkt, ihnen das Schloß und seine Schätze zu zeigen.

Das Barockschloß beherrschte die Landschaft hier an der Weißen Elster. Ehrfurchtsvoll sah Ilse zu dem prächtigen Bau hinauf: Hier hatte also Frau von Heyking gewohnt!

»Ich glaube, daß ich Ihnen einiges erzählen kann, was andere vielleicht nicht wissen«, meinte Fräulein Seidel, »schließlich wohne ich seit vielen Jahren unterhalb des Schlosses. Ich kannte Elisabeth von Heyking, soweit man behaupten kann, jemanden zu kennen, mit dem man persönlich Worte gewechselt hat.«

Und während sie langsam den Schloßberg hinaufschritten, begann sie mit der Lebensgeschichte: »Wie Sie wissen, war Elisabeth von Heyking eine Enkelin der Bettina von Arnim, Tochter von Armgart von Arnim. Sie wurde als Comtesse von Flemming am 10. Dezember 1861 in Karlsruhe geboren, wo ihr Vater Albert Graf von Flemming preußischer Gesandter war. Sie war auch mit Novalis verwandt, dem Dichter der deutschen Romantik . . .«

»Die blaue Blume«, nickte Fräulein Hellner.

». . . und natürlich mit Clemens Brentano, der ja als Bruder der Bettina ihr Großonkel war.«

Ilse und Ulla interessierte das wenig. Nur nach der ›blauen Blume‹ wollte sie später Vater fragen, nahm Ilse sich vor. Und heimlich pflückte sie ein Vergißmeinnicht, das am Wegrand wuchs. »Nach dem Tod von Frau von Heyking wartet nun das Schloß auf seine Käufer. Alles, was zum kostbaren Inventar gehört, Möbel, Porzellane, Gemälde, werden wohl leider in alle Winde verstreut.« Zum ersten Mal begann Ilse zu begreifen, daß Besitz nicht immer etwas Dauerndes ist. Aber sie waren nun vor dem weiträumigen Schloßbau angelangt und betraten den viereckigen Innenhof mit den Wirtschaftsgebäuden und dem Marstall. Von der Schloßterrasse sah man auf den herrlichen Park, den Wassergraben und auf Wiesen und Wälder, die in der Ferne verblauten. Eine Kulisse, wie sie kein romantischer Maler intensiver hätte zeichnen können. Dann besichtigten sie den Barocksaal und die Schloßkapelle. Selbst Mutter, die sonst nur wenig begeistern konnte, kam aus ihrem Schneckenhaus heraus: »So etwas Prunkvolles hätte ich hier in diesem Dorf (sie sagte tatsächlich ›Dorf‹!) nie vermutet.«

Fräulein Seidel rückte alles wieder zurecht: »Früher war dies eine Burganlage zum Schutz gegen die Wenden, später Sitz der Zeitzer Bischöfe. Im Jahre 1585 kam das Schloß als Lehen an den Hauptmann von Wolframsdorf, der sich vom Kurfürsten von Sachsen zum Schloß noch ›die alte Dornenhecke zwischen Crossen und Zeitz‹ hinzu erbat. Er meinte den Zeitzer Forst, der immerhin achttausend Morgen groß war! Seine Bitte wurde begreiflicherweise abgewiesen!«

Und dann lachte die Führerin durch das Crossener Schloß: »Es gibt eine Anzahl Anekdoten aus jener Zeit. So bedankte sich eine Dame aus Altenburg, der seine Frau geholfen hatte – als ihr Wagen beim Durchqueren der Elster umstürzte –, mit einer fetten Gans und mit einem Topf in Butter angemachter Leipziger Lerchen! Woraus man ersehen kann, was damals solche kulinarischen Geschenke wert waren!«

Es gäbe noch eine Menge Anekdoten, meinte Fräulein Seidel, aber sie wolle sich kurz fassen. Nach den Wolframs geriet das Schloß in verschiedene Hände und kam schließlich in den Besitz des Reichsgrafen Jakob von Flemming. Er war als Student in ein brandenburgisches Regiment als gemeiner Soldat eingetreten und wurde nach Kämpfen in Frankreich und Italien Generalpostmeister in sächsischen und polnischen Landen, Großstallmeister von Litauen, Gesandter in Kopenhagen, Wirklicher Geheimer Rat, Gouverneur von Dresden, Generalfeldmarschall und dirigierender Kabinettsminister, Erblandmarschall von Pommern.

»Und das alles in einem Leben?« staunte Ilse. »Konnte der sich denn überhaupt die vielen Titel merken?«

»Ja, er muß ein außergewöhnlicher Mann gewesen sein«, sagte Fräulein Seidel und fuhr dann fort: »Unter dem nächsten von Flemming, Reichsgraf Johann Heinrich, erlebte Schloß Crossen seine Glanzzeit. Er führte einen Haushalt, wie er sonst nur an Fürstenhöfen zu finden war, hielt sich einen Mundkoch, einen Hofkonditor und einen Hofbarbier. Natürlich auch einen Kammerdiener und Leibhusaren. Wenn er ausfuhr, dann nur vierspännig, immer mit Schimmeln mit schwarzen Köpfen.«

»Das müssen Pferde gewesen sein«, flüsterte Ilse der Freundin zu.

»Er war aber wenig beliebt bei den Leuten, denn als er die Straßen im Ort pflastern wollte, lehnte das die Gemeindeverwaltung ab – wegen der auszutreibenden Kühe.«

»Also alle Macht war ihm doch nicht gegeben«, lachte Vater.

»Ja, und als er für seine Untertanen ein neues Gesangbuch drucken und an sie kostenlos verteilen ließ, schickten sie ihm die Bücher einfach durch den Hirten zurück. Aber ich sehe, daß ich die Kinder mit so viel Historie überfordere. So will ich nur noch berichten, daß während der Befreiungskriege unter der russischen Einquartierung 1813 sich auf dem Schloß sogar der russische Zar Alexander aufhielt.«

Ilse und Ulla hatten wirklich nur noch flüchtig zugehört.

»Mir woll'n was von der Frau von Heyging hör'n, wie die vor dem Brinzen gekniet hat«, sagte Ulla. »Un sach'n Se mal, hat die in allen von den vielen Zimmern gewohnd?«

»Nein, natürlich nur in einigen Gemächern«, lächelte Fräulein Seidel, »aber davon wird euch Herr Kirsch gleich noch mehr erzählen, den wir jetzt besuchen werden.«

Herr Kirsch gehörte nicht zum Schloß, er war sozusagen Nachbar der Heykings. Er wohnte mit seiner alten Mutter in einem kleinen Häuschen unterhalb des Schlosses. Fräulein Seidel hatte ihn auf den Besuch der Gäste aus Zeitz vorbereitet. Er wirkte zuerst etwas verlegen und bat die Besucher auch nicht in das Haus. Die Eltern und die Lehrerin nahmen auf der Bank vor dem Hause Platz – Herr Kirsch hatte sie vorher mit einem großen Schnupftuch gesäubert –, und die Kinder setzten sich in das Gras zu ihren Füßen.

Er war ein junger, blonder Mann mit einem gutmütigen Blick, der den Kindern sofort gefiel. Vor allem Ulla, weil er in dem vertrauten Dialekt sprach.

Herr Kirsch schleppte einen wackeligen Stuhl herbei und holte dann aus dem Haus eifrig Bücher und Fotos. Zuerst zeigte er die von Elisabeth von Heyking.

»Se war schon 'ne große Frau – ich sammle alle ihre Biecher un Schrifden und hab' ooch alles gelesen. Ihre Mudder, Armgart von Arnim, schrieb an ihrn Vedder, den beriehmden Hermann Grimm – ich lese's mal vor . . .« Er blätterte in einem Heft und fand schließlich, was er suchte.

Bedächtig und in Hochdeutsch las er vor:

»Von meinem Kindchen kann ich nur sagen, daß sie an Leib und Seele so schön ist, so reizend in allem und so entwickelt, daß man in einem Staunen bleibt. Sie macht Dinge, daß einem bange wird vor ihrem Verstand, und doch tun wir alles, um sie zurückzuhalten . . .«

Und zwei Jahre später: »Sie ist ein absonderlich kluges Kind und ganz apart in allem. So zartfühlend und überlegt und doch so kindlich. Man kann ordentlich mit ihr etwas überlegen und sie zu Hilfe nehmen. Solch wunderbare Augen sah ich noch nie . . .«

»Stimmt«, flüsterte Ilse, »die Augen werd' ich nie vergessen.«

». . . Es sind beseelte große Hundeaugen, die in dem lichten Gesichtchen mit den goldgelben Haaren so seidenweich wie ein paar leuchtende Sterne schwimmen. Jeder, der sie sieht, ist davon frappiert.« Er blätterte weiter: »Ja, und hier steht: Mumedei, fünf Jahre alt, schreibt, liest, häkelt und strickt schon und hat entschieden Zeichentalent.«

Mumedei! Welch ein Name. Wie aus einem Märchen. Darunter konnte man sich eine Nixe vorstellen, die in einem Mummelsee wohnte, dachte Ilse.

Herr Kirsch klappte das Heft zu. Das Vorlesen hatte ihn doch angestrengt, kleine Schweißperlen standen auf seiner Stirn. »Schbäder wurde Elisabeth beriehmd als Schriftstellerin. Kee Wunder nich, wo se doch von ihrn Vorfahrn, den von Arnims, den Grimms un ooch vom Novalis soviel Begabung geerbt hatte. Da kann unsereener schon e bißchen neidsch wer'n.«

»Im Museum von Zeitz hängt ein Bild von ihr, das viel Geist und Anmut ausdrückt, aber auch Leidenszüge trägt«, warf Fräulein Hellner ein.

»Awer se konnde ooch hochmiedsch sein. Wir warn for se bloß kleene Leide, un die haddn Frau Baronin ze reschbegdiern.«

»Wie meinen Sie das, Herr Kirsch?« fragte Vater.

»Nu ja, ich will mal e Beischbiel erzähln. Mir warn ja eechendlich Nachbarn, denn unser kleenes Heischen grenzd ja unterhalb vom Schloßberch an ihrn hundert Morchen großen Bark dran. Also meine Mudder hadde Wäsche uffgehängt un de Leine geschbannd un an der een Seide an en Kirschbaum festgemachd, der noch zu ihrn Grundschdügg geheerde, grade so uff der Grenze. Se hadde sich nischt dabei gedacht, newahr? Da kam e Bediender der Baronin, globbde energisch an unsere Dier und sachde: ›Frau Baronin läßt fragen, was Ihnen einfällt, ihre Bäume als Wäschepfähle zu benutzen. Sollten Sie die Leine nicht sofort wegnehmen, wird Frau Baronin veranlassen, Ihre Wäsche zu entfernen.‹«

Die Kinder mußten lachen.

»›Ach du griene Neine, warum so ungemiedlich. Sei'n Se doch nich so ungnädch! De Wäsche is sowieso drogge‹, sachde meine Mudder, guckte den Mann verächtlich an, nahm de Wäsche ab un zooch de Leine ein. Ja, so war's.«

»Wissen Sie noch mehr zu erzählen?« bohrte Ilse nach.

»Wenn e neier Pasder ins Dorf kam, hadde der sich ze erschd bei Frau von Heyking vorzeschtelln. Die hadde iewerall e Wördchen mitzuredn, besonders in Kirchensachn. Wenn Besuch kam aus Berlin, da konnde unsre Schloßdame ooch widder mechtich leudselich sein. ›Na, Kinder, mögt ihr ein Bonbon?‹ frachde se mich un meine Schwester, un ich machde mein' Diener, und meine Schwester gnikste. Dann war'n mir ganz stolz uff unsre Baronin un uff unser scheenes Schloß, jawoll!«

»Und ihr Mann?« wollte Mutter wissen. »Was war denn nur mit Herrn von Heyking?«

»Der is ja schon vor zehn Jahrn geschtorbn, den genn ich kaum. Als ich gleen war, hab'ch ma in Bark undern Fenstern vor ihr'n Gemächern e Baar Bandoffeln gefundn, scheene Damenbandöffelchen, mit blauer Seide beschdigt.« Kirsch guckte Mutter verschmitzt an.

»Na, und?«

»Die had se in'n Schlafzimmer nach ihr'n Mann geschmissen, im Streid, is doch klar. Sooo gut war de Ehe zuletzt ooch nich mehr, sach'n de Leide. Es ging ähm alles nach ihrn Kobb, denn das Schloß geheerde ja ihr.«

»Da wollte sie wohl mit dem Wurf demonstrieren, daß ihr Mann ein Pantoffelheld war«, lachte Vater, »ja, Genie und Charakter stimmen nicht immer überein. Sich im kleinen Alltag zu bewähren ist manchmal schwerer, als im Großen zu bestehen«, und er warf Mutter einen kurzen Seitenblick zu.

Auf dem Nachhauseweg, am späten Nachmittag, fragte Ulla plötzlich: »Un wie war das nu mit dem Gniefall vorm Brinzen? Das weiß ich noch immer nich.«

»Warte mal!« Fräulein Hellner zog aus der Tasche einen Brief vor. Es war der Brief, den ihr Else Seidel geschrieben hatte. »Ich lese euch die Stelle vor, in der Fräulein Seidel diesen Vorgang beschreibt:

›Das war zu Kriegsanfang im Jahre 1914. Da erlebte Crossen den Kriegsbeginn in ganz besonderer Weise. Es war Anfang August. Im Dorf hatte sich beim Bahnhof eine Militärkapelle aufgestellt, in Uniform. Der Gemeindevorsteher und ein paar Abgeordnete des Ortes hatten sich eingefunden. Ein Zug nahte, man sah, daß es sich um Truppen handelte, die an die Front zogen, nach Frankreich. Die Soldaten winkten aus den Fenstern, die Lokomotive pfiff, der Zug hielt. Nanu, was sollte sich denn hier ereignen? Und dann geschah das Merkwürdige: Das Abteil eines Salonwagens wurde geöffnet, und Prinz August Wilhelm in der Uniform eines Gardeoffiziers mit hohem Federbusch stieg allein aus dem Abteil, und es kam ihm eine Dame entgegen, in schwarzer Robe. Die Kapelle setzte zum Spielen an, der Dirigent hob den Taktstock. In diesem Augenblick trat die Dame an den Prinzen heran, der salutierend vor dem Abteil stand, und kniete vor ihm nieder. Die Kapelle begann zu spielen: »Ich bete an die Macht der Liebe.« Prinz August Wilhelm küßte ihr die Hand. Alle sangen ergriffen das Lied mit, und ich muß sagen, ich war dabei, wir hatten Tränen in den Augen. Ja, es war Elisabeth von Heyking, die so lange kniete, bis die Musik schwieg. Sie erhob sich, der Prinz ging in sein Abteil zurück, der Zug fuhr an, das Schauspiel war vorbei. Es war ein feierlicher Augenblick, der ganz der damaligen Stimmung entsprach, denn wir schwammen in jenen Tagen auf der Woge der nationalen Begeisterung. Die Ernüchterung über die Schrecken des Krieges kam erst später.‹«

Fräulein Hellner faltete den Brief zusammen und steckte ihn wieder in die Tasche.

»Na, e bißchen dramadischer hätt' ich's mir eechentlich gedacht«, meinte Ulla. Sie stieß Ilse an. »Ich warde uff was.«

»Was denn?«

»Daß du nu ooch Schriftschdellerin wer'n willst!«

»Da biste irre.«

»Awer du schreibsd doch Märchen – oder nich?«

Ilse zuckte mit den Achseln.

»Märchen, die denkt man sich doch aus.«

Der Brennabor

Sommer 1924

Die Dame und das Auto – gäbe es ein aktuelleres, interessanteres Thema für die distinguierte Welt, in der die schöne Frau ihr wachsendes Selbstbewußtsein, ihre immer natürlicher werdende Selbständigkeit zeigt?

Auto-Journal 1925

Vor den Fenstern hupte es. Einmal und noch einmal.

»Wieder so ein Angeber.« Fräulein Ebelt schaute zum Fenster hinaus und wurde blaß: »Das is ja der Scheff, wees Knebbchen!«

Ilse, die dem Techniker Stadler beim Lichtpausen zusah, rannte die Treppe hinunter. Sie kam gerade zurecht, als Vater durch das schmiedeeiserne Tor fuhr, das Wolfner fast widerstrebend geöffnet hatte. Vater in einem Auto. Am Steuer. Mit Lederkappe und Lederjacke, genauso wie die Herren auf den Reklamen in der ›Berliner Illustrirten‹.

»Na, das ist nun unser Brennabor, was sagst du dazu, Ilschen?« fragte er und nahm die Lederkappe ab. Ilse sagte vorerst gar nichts. Es verschlug ihr einfach die Sprache. Vater, dieser Mann, der allen andern den Rang ablief, nun noch in Lederkappe und -jacke, aus einem Wagen aussteigend: Das war einfach umwerfend.

»Und von wem ist der Wagen?«

»Der gehört uns!«

Das durfte doch nicht wahr sein. Wir haben ein Auto! Und was für eines!

Wie ein riesiges Insekt mit Glupschaugen sah der neue Brennabor aus.

»Was für große Lampen!«

»Das sind die Scheinwerfer. Schau mal, die müssen den Weg weisen, wenn man in solch einem Tempo fährt.«

»Und so große Räder!«

Dieses Auto – das war ja fast noch toller als ein Haus. Was würden die Mädchen in der Klasse sagen! Nur Ruths Eltern hatten ein Auto: einen Opel. Welches Auto war wohl größer: ein Opel oder ein Brennabor?

Überhaupt der Name Brennabor! Klang gut.

»Darf ich einmal auf die Hupe drücken?« Vater nickte. Ilse hupte: lang und ausdauernd. Überall öffneten sich die Fenster.

»Nun Schluß, du machst ja ganz Zeitz wild mit deinem Gehupe!«

Vater öffnete die Tür zum Beifahrersitz: »Steig ein!« Susi, der Dakkel, empfand das ebenfalls als Aufforderung und sprang nach, um auf Ilses Schoß zu hüpfen.

Jetzt erschien auch Stadler.

»Chef! Bei meiner Seel', ist das wahr?«

Seine ganze Liebe galt Autos – im technischen Bereich. Er begutachtete mit Kennermiene den Wagen.

»Stahlblechrahmen vorne und hinten Halbelliptikfedern . . .« murmelte er. »Mechanische Vierradbremsen und Schneckenlenkung. Stimmt's, Chef?« Er strich fast zärtlich über den glänzenden rotbraunen Lack.

»Höchstgeschwindigkeit 65 Stundenkilometer?«

»Mit diesem neuen Typ P sogar 80!« lachte Vater.

Stadler verharrte als ein Standbild der Bewunderung. Wolfner schritt nun auch um das neue Gefährt herum und beäugte es mißtrauisch. »Diese stinkenden Benzinkutschen weerd'n noch mol de Luft verbesten«, prophezeite er. Dann spuckte er aus und ging zu Hans und Liese in den Pferdestall.

Der Polier, der sich die Sensation auch nicht entgehen ließ, blickte dem Kutscher nach: »Den ha'm se awer tief gegrängt, Scheff!«

Vater lachte gutmütig. »Er wird sich schon dran gewöhnen. Auf die Pferde können wir ja sowieso nicht verzichten.«

Das beruhigte Ilse.

Hildchen stand an die Hauswand gelehnt und blickte mit blanken Augen auf das Auto.

»Da haste ja 'ne tolle Eroberung gemacht, Schwager!«

»Steig ein, hübsche Schwägerin!« Vater öffnete den Wagenschlag und ließ Hildchen auf den Fahrersitz. Sie nahm mit verliebten Blicken von dem Auto Besitz, prüfte die Bremsen und berührte leicht die Gangschaltung.

»Ein schickes Maskottchen fehlt noch, Arthur«, erklärte sie, »es gibt da tolle Figuren, wie die ›Schpeed Nümpf‹.« Weder Vater noch Stadler, der noch immer in Bewunderung verharrte, wußten damit etwas anzufangen. Die ›Speed Nymph‹ war eine der rassigsten Kühler-Figuren, in Frankreich hieß sie ›La Plongeuse‹: Sinnbild der Weiblichkeit. »Ja, und eine Dame von Welt hat viele Wünsche an das Auto«, fuhr Hildchen fort. »Nun ja«, sie setzte sich zurück und hopste hin und her, »die Federung ist erstklassig. Die Farbe . . .«, sie rümpfte ein bißchen die Nase, ». . . also ein sattes Rosenholz oder ein silbriges Grau wären mondäner.«

Vater lachte: »Nun aber Schluß, schönes Kind. Deine Luxuslimousine soll dir dein Fred schenken. Und nun will ich meine Tochter zur Probefahrt einladen.«

Hildchen zog eine Schnute und stieg aus, Vater nahm am Steuer Platz. Ilse setzte Vaters Autobrille auf, die natürlich viel zu groß war, aber sie fand sie passend für eine Fahrt im offenen Wagen und kam sich damit sehr interessant vor.

Hui, wie der Wind durch die Haare fuhr. In einer Minute war man schon beim Kaufhaus Lewerenz. Hier hielten sie. Lewerenz lud – nach einer ersten Besichtigung – Vater und Ilse in sein Comptoir zu einem Begrüßungstrunk.

»Gratuliere, Arthur! Was sagt deine Frau zu dem neuen Brennabor?«

»Mutti ist heute beim Luisenbund«, erklärte Ilse, »sie hat das neue Auto noch gar nicht gesehen. Sie wird ja Augen machen.«

»Hoffentlich kommt sie nicht auf die Idee, fahren zu lernen wie meine Frau.«

»Ach, will sie das wirklich?« Vater stutzte. »Nein, das kann ich mir von Liesbeth nicht vorstellen.«

»Aber ich! Wenn ich groß bin, fahre ich auch Auto«, ließ sich Ilse vernehmen.

»Wenn du erwachsen bist«, Vater gab seiner Tochter einen Nasenstüber, »wer weiß, was dann sein wird. Dann wird unser Brennabor schon eine müde Mühle sein.«

»Und es wird das Auto für jedermann geben«, lachte Lewerenz. »Der Ingenieur Zaschke in Berlin hat da so ein Kleinauto erfunden, das zerlegbar ist. Hast du schon davon gehört? Er ging bei der Konstruktion von dem Gesichtspunkt aus, daß auf dem Markt ein Wagen fehlt, den man durch ein paar Handgriffe zerlegen kann und dessen Teile man dann in die Wohnung bringt. Man braucht also keine Garage und natürlich auch keinen Führerschein.«

»Und was soll so was kosten?«

»In der Serienproduktion Tausend Reichsmark.«

»Na, ob sich das durchsetzen wird«, zweifelte Vater, »das erscheint mir doch reichlich absurd.«

Ilse lachte: »Un wemmer schnell damit fährd, fälld das Audo ausenander.« Die Vorstellung war zu komisch.

»Wer weiß, welche Überraschungen uns die Technik noch bescheren wird. Denk doch mal nur an Amerika, Arthur. Da hatte doch der Ford die Idee, das Auto vom luxuriösen Spielzeug für Millionäre in einen Gebrauchsgegenstand für jedermann zu verwandeln. Noch vor dem Krieg lief sein berühmtes T-Modell vom Fließband.«

Vater nickte: »Du meinst ›Lizzie‹!«

»Natürlich! Kostete etwa nur 400 bis 600 Dollar und stand dabei keinem anderen Wagen in Qualität nach. Der Wagen ging weg wie warme Semmeln. Bislang sollen schon etwa 12 Millionen Stück verkauft worden sein. Und da meinst du, bei uns sei das nicht möglich?«

»Ja, schon, aber wir leben ja hier in anderen Dimensionen. Und wenn überall auf unsern Straßen Autos fahren würden – nein, das wäre nicht auszudenken.«

Lewerenz lachte: »Du hast dir ja nun auch ein Auto gekauft, Arthur! Autofahren ist ein besonderer Sport. Sieh dich vor, Arthur. Wenn dein Fahrzeug so dahinsaust, gerätst du in eine Art Trunkenheit, die dich zu immer rasanterem Fahren verleitet. Es ist ein unvergleichliches Gefühl, so mit wahnsinniger Schnelligkeit durch die Gegend zu brausen. Das ist wie ein Rausch. Aber das mußt du selbst erfahren.«

»Vielleicht«, Vater erhob sich. »Grüß deine Frau und laß sie nur fahren lernen. Zu ihr paßt es.«

»Ja«, Lorenz lachte etwas bitter, »sie tut sowieso, was sie will. Da kann ich sie nicht bremsen.«

Mutter brauchte nicht gebremst zu werden. Sie betrachtete das neue Auto mit abschätzendem Blick, fand es sehr ansprechend und elegant. Sicher war es für ihren Mann und das Geschäft von Vorteil. Die Probefahrt hinterließ bei ihr keinen besonderen Eindruck. Nur, daß man jetzt so schnell in Aylsdorf war, erschien ihr recht praktisch.

Aus Aylsdorf war auch der Mann, der Kirschen von Oma Selma für Mutter gebracht hatte. Als Ilse am Nachmittag den kleinen Robert zum Spielen abholen wollte, fand sie ihn vor Tante Hildchens Wohnung. Hilde öffnete die Tür.

»Sie kennen mich doch?« fragte er herausfordernd und grinste Hilde an. Sie schüttelte den Kopf. »Woher denn? Ich habe Sie nie gesehen.«

»Na, ich bin aus Aylsdorf, un Sie ha'm gestern meinen besten Ganter überfahr'n.«

Hildchen erschrak sichtlich. »Was reden Sie da?« Und sie wollte ihm die Tür vor der Nase zuschlagen.

»Nee, nee, junge Frau, so lass' ich mich nich' abspeisen. Genau vor meinem Hof auf der Straße haben Sie den Ganter überfahr'n.« Seine Stimme wurde immer lauter und hallte durch das Treppenhaus. »Kommen Sie rein«, sagte Hildchen. Ilse schlüpfte mit durch die Tür.

Hildchen war so aufgeregt, daß sie Ilse vollkommen übersah. »Was wollen Sie nun eigentlich, Mann?« Ihre Stimme klang kühl, aber Ilse sah, wie sich ihre Hände verkrampften.

»Was ich will? Das frag'n Se noch? Meinen Ganter will ich bezahlt haben, jawoll.«

»Woher wissen Sie denn überhaupt, daß ich das war?«

Der Mann lachte: »Na, heern Se mal, ich hab' Se genau erkannt und ooch den Gafallier, der neb'n Ihnen saß, der mit'n Monogel. Das Audo war nich iebel, bloß fahr'n kenn'n Se eben nich. Ha'm Se ieberhaupt 'n Fiehrerschein?«

Hildchen erblaßte: Onkel Fred betrat das Zimmer. Ilse versuchte, sich möglichst unsichtbar zu machen. Aber er beachtete sie überhaupt nicht, starrte nur seine Frau an.

Der Mann aus Aylsdorf hatte ihn noch nicht bemerkt und hob fast drohend den Finger: »Ich will's ja nich der Bolizei melden, bin ja geene Petze nich', awer die würd' Ihn'n geheerich was aufbrumm'n, un ooch Ihr'n Gafallier, dem das Audo geheert. Den würd'n se gladd ins Giddchen schberrn: Läßt junge Weiber Schofför schbiel'n un den arm'n Bauern 's Vieh dodfahrn. Wo gibt's 'n so was, verbibbch noch emol!«

Jetzt trat Onkel Fred vor.

»Bitte hören Sie auf, meine Frau zu beleidigen«, sagte er so kühl, wie Ilse den immer lustigen Fred noch nicht erlebt hatte. »Das, was Sie eben gesagt haben, ist Erpressung. Also: Wer sind Sie überhaupt?«

»Ich bin der Kruse aus Aylsdorf«, der Mann war sichtlich kleinlauter geworden, »und ich will nur meinen Ganter bezahlt haben, den die da« – er wies auf Hildchen – »dodgefahr'n hat. Ich hab' Zeuchen, die gönnen's beweisen.«

»Kommen Sie raus, wir sprechen draußen weiter. Und wenn es stimmt, was Sie sagen, bekommen Sie selbstverständlich Ihren Ganter ersetzt.«

Er zog den Mann hinaus auf den Flur. Hildchen schluchzte auf und flüchtete sich in das Schlafzimmer. Ilse hörte noch die Männerstimmen, verstand aber nur einige Worte, die der Mann aus Aylsdorf sprach: »Dank' scheen, Se gönn' ja nischt dafier. Ich meene awer, die würd'ch ma dichtich iebers Knie lechen, de Kleene, das hat se verdiend.«

Und dann Freds wütende Stimme: »Nun aber raus, Mann!«

Die Wohnungstür klappte, Onkel Fred stürmte wütend an Ilse vorbei in das Schlafzimmer. Sie hörte Hildchen laut aufweinen: »Herr Berger hat mich nur mal in seinem Opel ein Stückchen mitgenommen, und ich durfte mich für kurze Zeit ans Steuer setzen. Was ist denn so schlimm dabei?«

Ilse sah förmlich, wie sie jetzt die Arme um den Hals ihres Mannes schlang und mit den Wimpern klimperte. Es wurde still im Schlafzimmer. Ilse nahm den kleinen Robert und verließ mit ihm die Wohnung.

Oh, Tante Hildchen, was macht sie bloß immer für aufregende Sachen.

In der Schule war auch das Echo schwächer, als Ilse es erhofft hatte.

»Na, habt ihr nun auch so 'ne Benzinkutsche?« war das erste, was Ilse hörte. Ruth schwieg fast beleidigt. Carola drehte ihre Locken um den Finger: »Wir kaufen uns bald 'nen Maybach!« Nur Ulla war begeistert. Denn wie sie Ilse kannte, würde sie auch bald einmal mitfahren dürfen.

»Wie heeßt 'n euer Audo?«

»Na, Brennabor!«

Waltraud lachte: »So heeßt ooch das Fahrrad von meinem Bruder!«

Natürlich: Brennabor war eine Marke. Das Auto mußte einen Namen bekommen. ›Lizzie‹ – das war ein hübscher Name. Aber für den schweren Wagen mußte man sich etwas anderes einfallen lassen.

Die Hilfe kam durch Ferd, den Maler.

Der stand, als er durch die Schützenstraße stelzte, langbeinig, hager, das rote Haar zerzaust, vor dem Brennabor und schüttelte den Kopf. »Ihr Gabidalisden! Muss's denn so 'n Oddo sein?«

Otto! Das war der Name.

Und so gehörte Otto zur Familie.

O du fröhliche . . .
Dezember 1924

Jede Provinz liebt ihren Dialekt, denn er ist
eigentlich das Element, in dem die Seele
ihren Atem schöpft.
Goethe

Vater hatte einen neuen Entwurf für eine Naether-Villa auf dem Zeichenbrett. Er ging oft noch spät im Nachtgewand in sein Büro und zeichnete »eene Willa in Berschbegdife«, wie Marie Ilse erzählte; »ähm wie e richtscher Arschedegd«, fügte sie bewundernd hinzu. Sie hatte den Vater manchmal frühmorgens, wenn sie aus ihrem Dachstübchen kam, aus dem Büro huschen sehen.

Aus dem Bauauftrag des Kinderwagenfabrikanten, um den sich der Vater so bemüht hatte, wurde leider nichts. Die Firma Naether hatte plötzlich Schwierigkeiten – es gab keinen Neubau. Trotz des Aufschwungs der Wirtschaft nach der Inflation gab es bald eine ›Stabilisierungskrise‹ in Deutschland, von der Vater mit seinem Techniker sprach. Es hatten schon eine Reihe Firmen Konkurs angemeldet, und viele Neugründungen liquidierten.

Nun veränderte ein neuer Auftrag das Leben im Hause, denn Vater hielt sich den ganzen Tag im Büro auf.

»Was ist denn das für ein Auftrag?« fragte Ilse.

»Du hast doch schon davon gehört, die Drogerie in der Wendischen Straße wird umgebaut«, sagte Vater knapp. Mehr war aus ihm nicht herauszubringen. Aber es mußte schon ein kniffliges Projekt sein, das ihm und Stadler viel Kopfzerbrechen bereitete.

Wenn Ilse in das Büro hineinschaute, fand sie es voller Zigarettenrauch. Das bedeutete: Vater hatte Probleme. Nur dann rauchte er so viel.

Selbst Fräulein Ebelt senkte den hübschen Bubikopf über die Schreibmaschine und hatte keinen Blick für Ilse. Mutter hatte auch keine Zeit. Sie brauchte für das bevorstehende Fest der ›Harmonie‹ neue Garderobe und war mit Einkaufen beschäftigt. Seidenstrümpfe waren jetzt *dernier cri* – natürlich mußte Mutter sie tragen; denn bei ihrer Freundin Frau Lewerenz hatte sie schon diese eleganten Strümpfe gesehen.

Ulla kam auch selten in die Schützenstraße, und so blieb Ilse oft allein mit ihren Träumen und Wünschen, die sich wie bunte Luftballons aufblasen ließen und zu verlockenden Tagträumen wurden. Denn es war ja Adventszeit.

Sie hatte viele Wünsche, zum Beispiel ein Schaukelpferd.

Marie lachte sie aus: »Das is was for Robertchen un nich for so 'n großes Mächen. Awer du krichst was viel Besseres!« prophezeite sie. Was das wohl war? Man mußte sich gedulden.

Ach ja, für Vater mußte sie ein Geschenk besorgen. Zwei Tage vor dem Fest beeilte sich Ilse, es endlich zu kaufen. Ein Buch wird ihm sicherlich Freude machen, dachte sie.

In Lienings Buchhandlung, wo sie jetzt stets die Zeitung holte – was Tell früher immer getan hatte –, kannte sie die Buchhändlerin Elisabeth. Sie war die Cousine einer Klassenkameradin. Eine dunkelhaarige, glutäugige und etwas füllige junge Frau mit streng gezogenem Scheitel, dichten schwarzen Augenbrauen und der Andeutung eines Lippenbärtchens, auf das Ilse immer geradezu fasziniert starrte. Die Buchhändlerin pflegte Ilse streng und fast tadelnd zu mustern: »Gehst du auch in die Kirche? Hast du schon deine Schularbeiten gemacht?«

Was ging sie das eigentlich an! dachte Ilse. Sie murmelte so etwas wie: »Mach' ich immer, braucht mich keiner zu fragen.« Und das stimmte ja auch. Weder Vater noch Mutter brauchten sich um die Schularbeiten der Tochter zu kümmern.

Heute war die Buchhändlerin recht unzugänglich, anscheinend war sie mit ihren Gedanken ganz woanders. Sie legte Ilse einige Bücher über Architektur vor, aber die waren zu teuer. So erstand sie mit den wenigen ersparten Groschen nur einen kleinen Bildband von Zeitz. Darin waren Fotos von der Moritzburg, der Altstadt mit der Stadtmauer, dem Rathaus und den schönen, alten Häusern am Altmarkt.

Ilse fiel auf, daß die Dame Elisabeth ihr heute überhaupt keine Fragen stellte, sondern ihr hastig das Buch einpackte und sie kaum eines Blickes würdigte. Und noch etwas fiel ihr auf.

»Immer trägt sie jetzt einen weiten Mantel im Laden, verstehst du das?« fragte sie Ulla.

»Nee.« Ulla hatte keine Ahnung.

Aber die andern Mädchen wußten Bescheid. »Die kricht doch 'n Kind vom Pastor von St. Michael!« kicherte die krausköpfige Edith.

»Na, und?«

»Damit mer's nich sieht, läuft se nur noch im Mantel rum.«

»Ach so«, sagte Ilse lahm. So ganz verstand sie das immer noch nicht. Die Mutter wollte sie nicht danach fragen. Also ging sie wieder einmal zu Marie in die Küche und erzählte ihr alles. Die lachte schallend: »Daß das ausgerechend der heilchen Elisabeth bassiert, ei verbibbch noch emoal.«

»Hei-li-ge Elisabeth? Heißt sie so?«

»Ach was, aber se dud doch immer so fromm und gehd jeden Sonntag in de Kirche, sitzd vorn uff der ersten Bank und himmeld den Pasder an.«

Marie verdrehte die Augen nach oben. »Nu wees mer ooch warum.«

»Und mit dem Pastor is sie nich verheiratet?«

»Mit dem heilichen Michael? Nee!« Marie wollte sich kranklachen.

Ilse wurde still. Das war wohl so ähnlich wie die Sache mit dem ›Fehltritt‹ von Tante Hildchen.

Jetzt tat ihr die ›heilige Elisabeth‹ sogar leid. Wenn man von andern Menschen ausgelacht wird, ist das schlimm. Das wußte sie aus eigener Erfahrung.

Auch der Heilige Abend verlief diesmal enttäuschend. Unterm Weihnachtsbaum stand statt des Schaukelpferdes ein Kochherd mit kleinen Messingtöpfen und -pfannen.

»Och, was soll ich denn damit?« fragte Ilse. Für Küche und Haushalt hatte sie sich überhaupt nicht interessiert. Sie würdigte den Kochherd keines Blickes und vertiefte sich trotzig in zwei neue Bücher: ›Oberheudorfer Buben- und Mädelgeschichten‹ und ›Robinson Crusoe‹, die sie sich gewünscht hatte.

Mutter machte einen nervösen Eindruck. Sie war offenbar von den festlichen Vorbereitungen, Einkäufen, dem Backen und Braten überfordert. Acht Weihnachtsstollen hatte sie gebacken, von denen Marie, Fräulein Ebelt, der Kutscher Wolfner, Tante Hedy und Stadler einen bekamen. Der Techniker war zum Fest nach Wien gefahren. Nicht ohne ein kleines Päckchen für Hedy zu hinterlassen, das Vater mit Schmunzeln entgegennahm.

»Und wo bleibt *mein* Geschenk?« fragte Mutter ungeduldig.

Vater schleppte mit geheimnisvollem Lächeln ein riesiges Paket herbei, und aus dem Papier schälte Mutter ein Monstrum, das wie ein Metallbesen aussah, der einen Sack hinter sich herzerrte. Das war ein neues Gerät und hieß ›Staubsauger‹.

Vater erklärte stolz: »Ein Elektromotor, der Luftstrom erzeugt, welcher den Staub vom Boden aufsaugt und in den Sack befördert.«

Er schob den Stecker in die elektrische Dose, und das Gerät begann mit gewaltigem Getöse über den Teppich zu sausen. Mutter wich entsetzt zurück. »Stell das Ding sofort ab! Wie kannst du mir so etwas

Scheußliches ins Haus bringen. Gib es meinetwegen deiner geliebten Schwester. *Ich* will es jedenfalls nicht.«

Vater lachte verständnislos, brummte vor sich hin und verzog sich beleidigt in die Sofaecke.

Mutter konnte sich nicht beruhigen. »Ich muß schon sagen, dir fehlt jedes, aber auch jedes Verständnis für die Wünsche einer Frau. Denkst nur an dein Geschäft und an solchen technischen Blödsinn.«

»Das ist kein technischer Blödsinn, meine Liebe. Du wirst mir noch einmal dankbar sein für dieses praktische Gerät, das dir die Hausarbeit erleichtert. Es wird bald in jedem Haushalt zu finden sein.«

»Ach ja? Wie wäre es, wenn du deiner Frau zu Weihnachten etwas schenkst, was nicht für den Haushalt gebraucht wird? Was ihr alleine gehört? Vielleicht ein Brillantring oder ein Collier zu meinem neuen Schwarzen, was ich mir schon lange wünsche! Aber da finde ich nur taube Ohren bei dir. Dir fehlt jede Phantasie.«

»Na, du kannst dich doch wirklich nicht beklagen«, rief Vater ärgerlich.

Ilse hielt sich die Ohren zu und verkroch sich mit ihrer Lieblingspuppe, der ›Geraer Fettgusche‹, auf die Ofenbank am bullernden Kachelofen und nahm die Katze Miezi auf den Schoß.

Die Kerzen am Weihnachtsbaum waren erloschen. Niemand hatte sie richtig beachtet.

Der Dackel fing an zu kläffen und schimpfte kräftig mit. Mutter verließ gekränkt das Zimmer unter Androhung einer Scheidung, was bei Vater nur ein halb höhnisches, halb hilfloses Gelächter auslöste.

Vater und Tochter blieben bedrückt zurück und versuchten krampfhaft, den Rest des Heiligen Abends irgendwie zu retten. Sie knabberten vom bunten Teller, und Ilse klimperte auf dem Klavier ›O Tannenbaum, o Tannenbaum, wie grün sind deine Blätter‹.

Und dann gingen sie früh zu Bett.

Ilse weinte sich in den Schlaf.

Am nächsten Morgen ging sie zu Tante Hildchen hinunter und war verwundert zu hören, daß es »Weihnachten meistens Krach gibt«.

Am ersten Feiertag schien Mutter den verkorksten Heiligen Abend zu bedauern. Sie bemühte sich, gute Laune zu zeigen, und summte in der Küche ein Weihnachtslied.

Als Marie erschien, um ihre Geschenke zu holen – eine neue rote Bluse und den Stollen –, entdeckte sie den ›Metallbesen‹. Sie war begeistert und sauste mit ihm fröhlich durch das Zimmer.

»Dadsächlich, saucht allen Dreck uff – gonnsekwänd«, stellte sie befriedigt fest, deckte den Frühstückstisch und verschwand.

Die Eltern gingen mit ihrer Tochter zum Gottesdienst in die Michaeliskirche. Sie sah, daß Vater heimlich Mutters Hand ergriff und sie festhielt.

Zum Mittagessen gab es Gänsebraten und Thüringer Klöße. Ilse half in der Küche, rohe Kartoffeln zu Brei zu reiben und in einem Säckchen das Wasser auszudrücken. Mutter bestreute den Teig mit Salz und überbrühte ihn mit einer Schöpfkelle siedenden Wassers. Dann gab sie durchgedrückte gekochte Kartoffeln dazu und knetete alles gut durch. Ilse durfte faustgroße Klöße formen und sie ins kochende Salzwasser tun, wo sie in zwanzig Minuten gar kochten.

»Wenn man das selber macht, schmeckt es noch viel besser«, stellte Ilse fest.

Später ging es mit ›Hans‹ und ›Liese‹ und mit dem Pferdeschlitten in den winterlichen Zeitzer Forst. Ulla war gekommen.

»Vierzehneinhalb Geschenke hab' ich gekrichd«, verkündete sie stolz.

»Un was is das halbe?« fragte Ilse skeptisch.

»Ach«, Ulla zögerte, »so 'n Spitzentaschentuch.«

»Ist ja enorm«, amüsierte sich Mutter. Dieses Kind hatte wirklich die Gabe, aus allem das Beste zu machen. Ein glückliches Talent, das ihm sicher im Leben noch viel nützen würde.

Auch Tante Hedy war gekommen. Vater hatte ihr Stadlers Geschenk überreicht. Sie öffnete es zögernd, Ilse beobachtete gespannt, wie sie ein Notenheft herausschälte. ›Wiener Lieder‹ stand darauf. Sie legte es still beiseite.

»Spielst und singst du uns daraus was vor?« fragte Ilse.

»Jetzt singen wir Weihnachtslieder«, antwortete Hedy.

Die Fahrt durch den verschneiten Forst war herrlich. Man saß warm in Decken gehüllt, Vater kutschierte, ab und zu hieb er mit der Peitsche den Schnee von den tiefhängenden Ästen. Die Nüstern der Pferde dampften, wie sie fast lautlos durch den verzauberten Winterwald trabten, nur ihre Glöckchen tönten leise. Ilse und Ulla saßen Hand in Hand. Es war so wunderschön, daß sie ganz still waren.

Am zweiten Weihnachtstag wurde in der ›Harmonie‹ ein Weihnachtsmärchen aufgeführt. Ilse spielte einen Engel im weißen Gewand, auf das die Mutter goldene Sterne gestickt hatte, mit Flügeln aus vergoldeter Pappe und einem Kranz aus Strohblumen im offenen Haar, Ulla einen der Zwerge, mit angeklebtem langem Bart.

Im zweiten Akt sollte der Gymnasiast Erich als Knecht Ruprecht erscheinen. Sein Auftritt nahte, er blieb unauffindbar. Die Hauptdarstellerin ließ das Stichwort zum zweiten Mal ertönen. Kein Knecht Ruprecht. Wieder das Stichwort – das Publikum im vollen Saal fing an zu lachen und mit den Füßen zu scharren. Da stürzte ein langes Etwas im roten Mantel auf die Bühne, verhedderte sich und stolperte über die viel zu großen Stiefel.

Die Eltern, Tante Hedy und Heinrich aus Aylsdorf, der mitgekommen war, amüsierten sich köstlich und beruhigten sich erst, als Ilse und Ulla, noch aufgeregt und ganz von ihrer schauspielerischen Aufgabe erfüllt, im Saal erschienen. »Ihr habt sehr schön gespielt«, sagte Hedy und strich Ilse über das Haar, in dem noch Strohblumenreste klebten, »und die kleine Panne mit dem Ruprecht war wirklich nicht schlimm.«

»Nächst'n Sonndach schbieln mer nochema, un da werd der bleede Erich vielleichd wieder so 'n Quatsch machen. Da schämt mer sich for den, wees Knebbchen!«

Mutter drohte schon mit dem Finger, aber Hedy lächelte: »Engel sächseln aber nicht so, Ilse.«

Die Panne war noch Gesprächsstoff beim anschließenden Kaffeetrinken daheim. »Ihr müßt es machen wie in Schkeuditz, wenn es eine Panne gibt«, lachte Heinrich, »nämlich so was wie die ›schwarzen Ritter‹ erfinden.«

Schwarze Ritter? Wieso? War das wieder eine von Heinrichs unübertrefflichen Anekdoten?

Erzähl, Heinrich!

Mutters junger Bruder räusperte sich.

»Nun gut, es ist eine wahre Geschichte: In Schkeuditz fand die Vorstellung einer privilegierten Theatergesellschaft statt. Bevor es losging, hörte man Lärm und Geschrei hinter dem Vorhang und, alles übertönend, das wütende und zugleich besorgte Rufen des Direktors: ›Der Eremit! Der Eremit! Wo steckt wieder mal der Eremit?‹

Als die Ungeduld des polternden Publikums immer mehr anschwoll, wurde auch das Rufen heftiger. Bis in die ersten Sitzreihen vernahm man die Worte: ›Gottverdimmich! Der Eremit hat anzufangen. Wo steckt denn bloß das Luder?‹

Dann war nur ein Trappeln und ein Huschen, und es erfolgte der strikte Befehl: ›De Ridder! De schwarzen Ridder!‹

Wieder Huschen und Trappeln. Der Vorhang ging auf. Stille. Von links und rechts stürzten zwei schwarze Ritter auf die Bühne. Beide brüllten aus voller Lunge: ›Ha – das sollst du mir bießen!‹, stürzten aufeinander los und schlugen mit ihren Schwertern aufeinander ein.

Schließlich erschien der Eremit. Im Nu klirrten die beiden Ritter von der Szene.

Sooft nun eine Verwandlung allzu lange Zeit benötigte oder die Liebhaberin nicht fertig geworden war mit dem Umkleiden oder sonstwie eine Verzögerung eintrat: Jedesmal wuchteten die schwarzen Ritter aus den Kulissen, brüllten: ›Ha – das sollst du mir bießen!‹ – und fielen übereinander her, daß die Funken stoben.

So konnte die Vorstellung dann zu ihrem glücklichen Ende kommen!«

Heinrich hatte diese Anekdote so humorvoll vorgetragen, daß alle klatschten. »Na herrlich«, lachte Vater, »an dir ist selber ein Schauspieler verlorengegangen.«

»Aber *ich* werde Schauspielerin!« erklärte Ilse spontan.

»Guggemada«, lachte Ulla, »erst wolldste Arbeiderin bei Schokoladen-Öhlers wern, nachher 'n Bauernhof ha'm mit Ferdn, dann wolldste Bianistin wern un nu ooch noch Schauschbielerin – also was willste eichentlich?«

»Och, ich hab' ja noch Zeit genuch, mir das ze ieberlechen!«

»Na, ich wees, was'ch will: heiraden un zwee Kinder kriechen.«

»Wen willsten heiraden?«

»Een Dogder, awer meine Mudder sacht, lieber 'n Beamden, der krichd 'ne Bangsion. Un du?«

Auf die Idee zu heiraten war Ilse noch nicht gekommen.

»Wees nich, velleichd 'n Brofesser, en Schauschbieler oder 'n Gudsbesitzer mit vieln Ferden un Hunden. Awer velleichd heirad ich ooch gor nich – da koof ich mer selwer ä Riddergud!«

»Na, wie willsten das machen? Du hast ja velleichd Schnabsideen!«

Karlchen

Frühling 1925

Sei mir gegrüßt, du ewiges Meer . . . wie Träume der Kindheit
seh' ich es flimmern auf deinem wogenden Wellengebiet . . .
Heinrich Heine

»Föhr? Wo liegt denn das?«

Ilse sah ihren Vater mißtrauisch an. Der Arzt hatte bei ihr Blutarmut festgestellt und »ein paar Flecken auf der Lunge«. Nein, das war durchaus kein Anlaß zur Beunruhigung oder sogar zur Sorge.

»Heute schießen die Elfjährigen schneller ins Kraut, mein lieber Böhme«, sagte der Hausarzt. »Eine Zeiterscheinung, wissen Sie, die vielen Reize, die heute auf die Kinder einströmen, und die Anforderungen, die auch an Mädchen in der Schule gestellt werden. Nicht zu vergessen die Hungerjahre während der Nachkriegszeit. Ich schlage einen Kuraufenthalt in einem Kinderheim an der Nordsee vor. Sie werden Ihr Töchterchen nicht wiedererkennen.«

Das Töchterchen war nicht begeistert von diesen Plänen. Und insgeheim grollte sie ihrer geliebten Tante Hedy. Die hatte nämlich den Ausschlag für die Untersuchung gegeben. Gemeinsam waren sie zum Schwimmen in die Badeanstalt gegangen. Aber während Vater gekonnt vom Fünf-Meter-Brett sprang und Tante Hedy mit ihrem neuen Badeanzug Furore machte, hing Ilse wie ein bleierner Fisch an der Angel des Bademeisters. Unter der kalten Dusche bekam sie Atembeschwerden und zitterte wie Götterspeise.

»Ein Psychologe bist du nicht gerade, Arthur«, hatte Hedy gemeint, »unter der eiskalten Dusche wird deine Tochter nicht abgehärtet, sondern eher wasserscheu!« Vater schüttelte den Kopf: *seine* Tochter und wasserscheu? Erst als der Hausarzt Hedys Befürchtungen bestätigte, sah er seine Tochter mit anderen Augen an. Und bemerkte, wie lang aufgeschossen, blaß und dünnhäutig sie war. Und hatte niemand den trockenen Husten bemerkt?

Wyk auf Föhr: für Ilse war es eine Weltreise dorthin. »Warum fahren wir nicht mit?« Stolz auf seinen Einfall blickte Vater die Mutter an. Die hatte Bedenken: »Viel zu kalt da oben im Norden«

Vater lachte: »Ich habe nie einen schöneren Sommer erlebt als damals in Dänemark. Und Föhr soll eine grüne Insel mit mildem Klima sein, daher auch die vielen Kinderheime.« Er war schon voller Unternehmungsgeist.

Mutter, skeptisch wie immer, wenn man ihr mit neuen Ideen kam, ließ sich schließlich überreden. Vor allem, als Vater ihr einen Bildband von den Nordfriesischen Inseln mit Abbildungen von alten Friesenhäusern mitbrachte. Außerdem konnte sie feststellen, daß Wyk ein elegantes Strandbad besaß. Was auch den Ausschlag gab: Man beschloß, gemeinsam nach Föhr zu fahren.

»Etwa mit dem neuen Auto, mit Otto?« fragte Ilse.

»Natürlich, womit denn sonst?«

Jetzt war Ilse restlos zufrieden. Und sie gab in der Schule mit ihrer Nordseereise an. Aber Ulla fuhr ja auch mit den Eltern nach Swinemünde – wenn das auch nur die Ostsee und nicht die Nordsee war! Und Carola verreiste sogar an den Vierwaldstätter See. Der lag, wie man feststellte, in der Schweiz.

Es wurden umfangreiche Reisevorbereitungen getroffen, genäht und eingekauft: Autobrillen, Lederkappen, Badebekleidung. Der Brennabor wurde von Wolfner geputzt – mit innerem Protest, denn er haßte dieses benzinstinkende Fahrzeug. Vater hatte in den Tagen vor der Abreise noch viel mit seinem Techniker, dem Polier und Wolfner zu besprechen. Marie ging sehr freudig zu ihrer Schwester nach Gera. Onkel Fred und Tante Hilde versprachen, den Dackel und die Katze zu betreuen.

Somit war alles bestens geregelt. Ilse fieberte der Reise entgegen.

Die Fahrt mit dem neuen Auto war wundervoll. Sie fuhren bei herrlichem Sommerwetter im offenen Wagen nach Norden. Über Landstraßen, an Feldern und Wiesen vorbei. Sie überquerten Bäche und Flüsse, kamen durch Dörfer und Städte, so traulich und schön, wie man sie nur von Bildern oder Postkarten kannte. Fachwerkgiebel, Marktplätze mit plätschernden Brunnen, Rathäuser, Kirchen und Schlösser. Und jedesmal sagte Vater: »Hier müßte man anhalten und tagelang verweilen können. Ilse, das ist alles steinerne deutsche Geschichte.«

Die Elbe, ein breiter Strom, mit grünen Deichen an den Ufern, mit Schiffen und Lastkähnen. Kurz vor Hamburg, wo sie übernachten wollten, streikte ›Otto‹. Der Motor sprang nicht an. Vater mußte ihn mit größter Kraftanstrengung ankurbeln. Zum Gaudium der Straßenjungen, die ihren Senf dazugaben.

Weiter nach Norden. In Dagebüll, an der dänischen Grenze, ließ man das Auto stehen. Mit dem Fährdampfer ging es nach Wyk auf Föhr. Als Ilse zum ersten Mal das Meer sah, war sie enttäuscht: »Das is ja gar kein Wasser, alles bloß . . . bloß . . .«

Was denn – Matsch, Mulm, Dreck?

»Schlick«, sagte Vater. »Das ist Meeresboden, jetzt ist eben Ebbe. In einer Stunde vielleicht wirst du das Meer sehen, dann kommt die Flut . . .«

Und so war es auch. Ilse lernte in den nächsten Tagen, Ebbe und Flut zu unterscheiden. Bei Ebbe konnte man in einer Stunde auf dem Meeresboden zur Insel Amrum laufen. Das war ein eigenartiges Gefühl, so mitten durch das Meer zu wandern. Als ob man auf brauner Watte lief. Und immer Angst haben mußte, daß sie sich vollsaugte und man verloren war.

Ebbe und Flut, Kommen und Gehen, Land und Wasser. Immer wechselnd und doch etwas, was zusammengehörte, eine Einheit, untrennbar. Der Begriff Zeit wurde sichtbar, fühlbar, spürbar . . .

Ilse war noch ein Kind, sie konnte es nicht in Worte fassen. Wollte es auch nicht, brauchte es auch nicht. Kein Aufsatz wurde von ihr verlangt.

Das Kinderheim war eine der behäbigen Strandvillen, in denen selbst die Luft in den Stuben nach See schmeckte. Da die Eltern in einer Pension wohnten, konnte Ilse die Zeit, die Vater und Mutter noch hier verbrachten, mit ihnen gemeinsam verleben.

Während Mutter mit einigen Damen auf der Strandpromenade wandelte, mit einem neuen Sonnenschirm, oder im Strandkorb saß, ein Magazin lesend, erlebten Vater und Ilse die Insel auf ihre Weise. Da waren die alten Friesendörfer, in denen die Zeit den Atem angehalten hatte und in denen das Leben unter den tiefhängenden Reetdachhauben der Häuser stillzustehen schien. Ilse betrachtete die Frauen in ihren schönen Trachten mit dem Silberschmuck: hochgewachsene, stolze Gestalten, mit einem Lächeln auf den Gesichtern, das über Alltag und Zeit hinweglief. Auf dem Friedhof von Boldixum mit St. Nikolai, einem der mittelalterlichen Inseldome, entdeckten sie alte Grabsteine, auf denen Ilse seltsame Vornamen entzifferte: Die Männer hießen Oluf, Ingwer, Knud, Ocke und Frederik, die Frauen Gondel, Moiken, Mette, Gönke, Antje und Hardine. Die Lebensläufe der Seefahrer waren da in Stein gehauen:

Ich schiffte auf dem Meer
Von Grönland hin und her
Die Fahrt ist abgetan
nun bin ich in Canaan
wo Wellen, Eis und Wind
nicht mehr zu fürchten sind.

Und über diesem Spruch waren ein Segelschiff und zwei Walfische eingemeißelt.

»So einen schönen Grabstein möchte ich auch mal haben«, sagte Ilse.

»Ein frommer Wunsch für ein elfjähriges Fohlen«, lachte der Vater sie aus.

An einem dieser Tage, die wie Perlen an einer Schnur hingen, fuhr sie mit den Eltern nach Goting. Dort wohnte der alte Amtsgerichtsrat K., der sich nach der Pensionierung aus Chemnitz auf diese Insel zurückgezogen hatte und der nun in einem alten Bauernhaus lebte.

Wieder Friesenhäuser, reetgedeckt, mit spitzem Giebel, davor Sonnenblumen mit freundlichen Gesichtern, Schafe auf grünen Wiesen, ein Steinwall und Hünengräber, ein rauhes Kliff und Findlinge, die wie ungebärdige Tiere auf dem Wattboden hockten, immer bereit zum Sprung. Eine Welt von fremdem Reiz.

Und wo war das Haus des Amtsgerichtsrates? Die Mutter des Bürgermeisters von Nieblum, die am Zaun stand, eine hagere alte Frau, zeigte es ihnen. »Der Amtsgerichtsrat ist nicht da«, erklärte sie, »eine Zahnärztin und ihre Freundin, ein junges Mädchen, sind dabei, hier aufzuräumen. Sie werden sich wundern, wenn Sie das Haus sehen.« Die Alte lachte – wie es Ilse schien, ein wenig hämisch oder verkniffen – und schüttelte den Kopf.

Mutter betrat das Grundstück durch eine hölzerne Pforte, die in den Angeln quietschte und die den mit Grassoden bewachsenen Wall unterbrach. Zwei weibliche Personen waren dabei, einen Berg von leeren Konservendosen abzutragen, der vor dem Küchenfenster aufgeschichtet war. Sie ließen die Hände sinken und starrten die Besucher an. Vater lehnte sich an die Hauswand, die nachgab wie eine Haut. »Noch mit Lehm verputzt«, stellte er sachlich fest. Und dann nannte er seinen Namen und fragte nach Karlchen. Die Augen der älteren der beiden Frauen leuchteten auf: »Sie sind das! Karlchen hat mir von Ihnen erzählt. Leider ist er krank und mußte zur Kur.« Sie lachte. »Erschrecken Sie nicht, aber ich habe es tatsächlich fertiggebracht, ihm die Erlaubnis abzuringen, während seiner Abwesenheit das Haus aufräumen zu dürfen. Aber bitte, sehen Sie selbst!«

Was sie sahen, vergaßen sie ihr Leben lang nicht. Das Häuschen hatte eine kleine Küche mit Kupfergeräten und einem zweiflammigen Petroleumkocher mit sauberen Töpfen, der vor dem Fenster aus Butzenscheiben stand. »Die Töpfe haben wir neu angeschafft«, erklärte Josefine, die Zahnärztin, »Karlchen kochte sein Essen immer in einem Topf aus Konservendosen, die er sich einmal im Monat aus Wyk kommen ließ. Die leeren Dosen warf er einfach aus dem Fenster.«

»Wir haben den Dosenberg gesehen«, sagte Mutter trocken. Vater lachte: »Genial!«

Der anschließende Wohnraum zeigte sich als friesische ›Döns‹ mit Holzpaneel und holländischen Wandfliesen und einem Eckschrank mit altem schönem Geschirr in Weiß und Blau und anderen Kostbarkeiten, zum Beispiel einer gläsernen Likörflasche von 1720. Ein Klavier war in einen Alkoven eingebaut.

»Der Amtsgerichtsrat ist ein Pianist von hohen Gnaden« – die Zahnärztin wurde jetzt im Ton fast ehrerbietig –, »er korrespondiert mit Berühmtheiten Europas. Wenn ich versuchte, in der Küche aufzuwaschen, rief er: Laß das, Finchen, hör lieber zu. Und er spielte die *Appassionata.*«

»Aber wie kann man denn darauf spielen?« fragte Ilse, die sich das Klavier näher ansah. Die Tasten waren mit Wachs verklebt.

»Ja, da werden wir noch viel zu tun haben«, seufzte das junge Mädchen, das hinzugetreten war. »Ich bin übrigens die Ina«, stellte sie sich vor.

Die Zahnärztin Josefine nahm das abwesende Karlchen schnell in Schutz: »Er haßte eben elektrisches Licht. Er lief am Abend nur mit einer brennenden Kerze durch das Haus – na ja, und da er sie fast immer schief hielt, ist eben alles voll Wachs. Aber das bekommen wir schon hin. Schauen Sie sich mal unsern Pesel an!« Sie öffnete eine Tür und trat voran in die ›gute Stube‹ des Friesenhauses.

Oh, der war ganz mit grün bemaltem Holz verkleidet, auch die Türfüllung zeigte Figuren. Vater betrachtete alles mit wachem Interesse: »Das ist eben Kultur, seit Jahrhunderten gewachsen und bewahrt. Seht euch das Alkovenbett an, die Truhe, das Wandschränkchen. Und die Uhr da ...«

Die holländische Wanduhr mit den beiden holzgeschnitzten Meerweibern und dem schweren, vergoldeten Gewicht ließ einen blechernen Stundenschlag ertönen.

Sie gingen durch die Küche in den früheren Stall. Und da drohte Mutter das Herz stehenzubleiben, sie rang sichtbar nach Luft. Ein kniehoher Teppich bedeckte den Lehmboden. Er bestand aus Stroh, alten Töpfen, Dokumenten. Tat man einen Schritt, trat man auf silberne Löffel, verbogene Leuchter, Briefe. In einer Ecke eine Collage aus zerbrochenen Stühlen, Mangelbrettern, Stoffetzen und zerbrochenen Lampen.

Josefine hob begütigend die Hände: »Alles ist hier voller Schätze und Krimskrams, ein wirres Durcheinander, auch in der Scheune und auf dem Spitzboden. Jetzt darf ich Sie aber zuerst einmal zu einer Tasse Kaffee bitten, die Ina schon bereitet hat. Dann erkläre ich Ihnen alles.«

Kaffee! Das war für Mutter der Rettungsanker. Und es duftete köstlich, als sie die ›Döns‹ betraten, in der das junge Mädchen den Tisch mit dem alten Geschirr gedeckt hatte.

Ilse betrachtete die Zahnärztin eingehend: eine stämmige, jung wirkende Frau mit strohblondem Haar und Augen mit dem Blau der Delfter Kacheln.

»Sie fragen sicher, warum ich mir diese Arbeit aufhalse?« Sie lächelte, und ihr frisches Gesicht bekam einen sanften, fast liebevollen Zug. »Jedenfalls fragen das die Dorfbewohner und die Schwester des Amtsgerichtsrates, die im Augenblick mit ihren Kindern in Nieblum Ferien macht. Ich liebe Karlchen, und ich liebe dieses Haus, dieses Dorf und diese Insel. Und Ina hilft mir bei dieser Sisyphusarbeit. Es gilt ja auch, Kostbarkeiten zu retten.«

»Die sonst im Dreck verkommen würden . . .«, sagte Mutter.

»Zweifellos«, lächelte Josefine zurück. »Aber Karlchen kann sich nun einmal von dem, was er zusammengetragen hat, nicht trennen. Sogar Museen bewerben sich darum. Der Direktor des Thaulow-Museums in Kiel hat sich hier persönlich umgesehen. Er wollte vor allem den Christus erwerben, eine Schnitzarbeit aus dem 16. Jahrhundert. Aber Karlchen verkauft nichts.« Sie lachte laut auf. »Ein Sachse in Nordfriesland! Was hätte ein anderer wohl schon längst für einen Profit herausgeschlagen.« Vater gab den Ball zurück: »Sagen Sie ruhig: ein echter Sachse.« Josefine wurde verlegen. »Nein, so habe ich es nicht gemeint. Aber Karlchen ist eben ein Ausnahmefall – nicht nur als Sachse.« Dies mit einem fast entschuldigenden Seitenblick auf Mutter. »Lieber legt er sich vor Monatsende, wenn seine Pension verbraucht ist, hungrig ins Bett. Er kauft und kauft, oft auch aus Gutmütigkeit, wenn Kinder ihm Steine und Strandfunde bringen. Übrigens hat er noch ein zweites Haus in einem anderen Dorf erworben und läßt alles verkommen. Glaubt, weil er es gekauft hat, es sei für die Nachwelt gerettet. So ist eben Karlchen. Und darum . . .« Sie machte eine kleine Pause, ». . . darum mag ich ihn eben. Er ist ein Mensch. Und seine Stärken sind so groß wie seine Schwächen. Nur sehr viel liebenswerter . . .«

Als sie das Haus verließen, sagte Vater: »Daß der Amtsgerichtsrat ein Sonderling war, wußte ich, aber daß es soweit kommen konnte . . .« Er vollendete den Satz nicht. Ilse, für die doch als Kind das Leben in festgefügten Bahnen verlaufen war, erschien das alles sehr verwirrend.

Die Eltern reisten bald nach Zeitz zurück. Ilse trauerte darüber nicht sehr. Sie war immer beschäftigt. Die Kinderschwester Ingeborg, die mit Josefine aus Goting befreundet war, schwenkte eines

Morgens einen Brief und rief Ilse herbei: »Wir sind eingeladen. In Goting soll ein Fest gefeiert werden. Josefine will uns zeigen, in welchem Glanz das alte Haus des Amtsgerichtsrats jetzt erstrahlt.«

So fuhren sie also nach Goting. Als die beiden ihre Fahrräder im Dorf an die Hauswand lehnten, hörten sie schon von drinnen lautes, fröhliches Geplauder. Das kniehohe Gras im Garten war gemäht worden. Es duftete nach Heu und blühenden Heckenrosen. Von fern hörte man das Glockengeläute der St. Johanniskirche in Nieblum. In der kleinen Küche glänzte das Kupfergeschirr. Am Tisch in der ›Döns‹ saßen die geladenen Gäste: der würdige Pastor aus Nieblum, Reesche, die Mutter des Bürgermeisters, der Lehrer mit seiner Tochter, die Nachbarin Frau Petersen und der Schmied, beide groß und stämmig, fast wie Riesen, die friesisch miteinander redeten. Kerzen gaben ein festliches Licht.

Der Lehrer brachte einen Trinkspruch aus: »Sag auch mal einen Trinkspruch, Deern!«

»Ich?«

»Wie alt bist du? Elf? In deinem Alter hat Martje Floris in Eiderstedt einen Trinkspruch erfunden, den man heute noch kennt, als die Soldateska den väterlichen Hof stürmte.«

»Ich weiß«, sagte Ilse, »mein Vater hat mir ihn erklärt, weil er einmal hier oben war. Ich kann ihn auf plattdeutsch sagen: ›Et gah uns wol op unse olen Dage!‹«

Alle nickten, und Josefine lächelte Ilse freundlich zu. Ina war pausenlos zwischen Küche und ›Döns‹ unterwegs, um Kaffee einzuschenken und neue Friesenkekse und Gebäck zu holen.

Ilse mußte immerzu die alte Reesche ansehen, ihr scharf geschnittenes Altfrauengesicht, ohne Konturen, ohne Schatten, ohne verfremdende Linien, hart, klar – und auch ohne Gnade. Ein Lied wurde gesungen, und es berührte Ilse auf sonderbare Weise. Es hatte eine eigenartige Faszination in seiner Einfachheit und mit den Worten, die sie schon verstand:

Kumm bi de Nacht, kumm bi de Nacht,
segg, wor du heeßt . . .

Später schauten noch andere Dorfbewohner herein, neugierig, das ›Schmuckkästchen‹, wie das Häuschen jetzt im Dorf hieß, zu sehen. Die Männer tranken heißen hochprozentigen ›Pharisäer‹, und sie wurden immer fröhlicher und redseliger. Aber da war Ilse schon längst in ihrem Heim.

Der Amtsgerichtsrat, Josefines Karlchen, kam nie wieder nach Föhr zurück. Er verstarb im Kurort. Aber sein Tod verursachte noch etlichen Wirbel. Josefine fand nämlich Fotos und Briefe in seinen Truhen, die nicht für andere Augen und Ohren bestimmt waren. Die sollten die lieben Verwandten, vor allem die frömmelnde Schwester, nicht zu sehen bekommen. Josefine zündete einen Scheiterhaufen an, auf dem sie die ominösen Schriftstücke verbrannte. Und was geschah? Der Seewind trieb einige Fetzen in das Dorf. Und Peter, der Enkel der alten Reesche, der Respektsperson von Goting, brachte seiner Großmutter die angerösteten Relikte aus Karlchens Intimleben. Das gab einen Aufruhr im Dorf!

Im Kinderheim sprach man noch lange darüber.

»Der arme Amtsgerichtsrat – nun ist sein guter Ruf zum Teufel!« sinnierte Schwester Ingeborg. »Der gutmütige, vertrottelte alte Herr, Gönner und Freund der Kinder! Und nun diese Briefe von schlimmen Frauenzimmern!«

»Schlimme Frauenzimmer? Was sind das eigentlich für Frauen?« fragte Ilse.

»Na, das sind Weiber, die mit den Männern so Sachen machen . . .«

»Was für Sachen?«

»Darüber redet man nicht.«

Die ›Schaumschuhe‹

Frühling 1925

Ich komm weiß nit woher
Ich bin und weiß nit wer
Ich fahr weiß nit wohin
Mich wundert, daß ich fröhlich bin.
Unbekannt

»Alte Frauen sind schön«, sagte Ilse.

Käthchen lachte. Sie schlief neben Ilse und kam aus Chemnitz. Wie Karlchen.

»Wie kommste denn dadrauf?«

Ilse dachte an die alte Reesche, an Oma Selma und Tante Pauline. Vor allem aber an Reesche. Sie hatte einmal in einem Märchenbuch einen Holzschnitt gesehen. Die alte Frau, um deren Knie viele Kinder spielten, hatte so ausgesehen. Nur freundlicher. Mit einem Lächeln um Mund und Augen. Werde ich auch einmal so aussehen? hatte sich Ilse gefragt. Was heißt einmal? Nach sechzig, siebzig oder noch mehr Jahren? Welch eine Zeit! Jetzt waren schon drei Wochen eine Ewigkeit! Käthchen riß Ilse aus allen Überlegungen. »Alde sin häßlich und schon halb dod.«

Ilse hatte sich in dem Kinderheim am Südstrand schnell eingelebt. Die Freundschaft mit Käthchen, die vertraute Sprache und die Fröhlichkeit der Bettnachbarin, mit der man abends noch heimlich tuscheln konnte, halfen ihr dabei. Die Tage verliefen mit Wanderungen und Baden, mit Spielen am Strand und einem lustigen Fest, das die Kurverwaltung veranstaltete. Und dann gab es ja auch die Jungen. Es gab Blicke bei den Mahlzeiten, schnell hingeworfen, kaum bemerkt von den andern.

Käthchen, die kleine freche Katze, hatte Ilses Interesse für Wolfgang schon längst erkannt. Er war ein blonder Schlaks, blaß, mit selbstbewußtem Auftreten, und er war künstlerisch begabt. Ilse, die ein Gespür für Farben und Formen hatte, war von Wolfgangs Sandplastik beim Burgenwettbewerb angetan. Er hatte einen Seehund modelliert. Der Clou war der Schnauzbart aus Dünengras, der ständig begossen werden mußte, um in Form zu bleiben.

Käthchen grinste: »Mei Vader hatte ma so 'ne Bartbinde, die trug er immer, wenn er ins Bedde ging. So was mussde auch für deinen Seehund haben.«

Wolfgang strafte sie mit Nichtachtung. Dafür begutachtete er um so eingehender Ilse, die eifrig dabei war, das Wort ›Robbenburg‹ mit Muscheln auszulegen. »Hübsch, Ilschen«, bemerkte er gönnerhaft.

Ilse errötete beglückt, und gleich verrutschte das ›u‹.

Warum klopfte ihr bloß immer das Herz bis zum Hals, wenn Wolfgang in ihrer Nähe war? Käthchens spöttisches »Na, ihr zwee beede!« tat noch ein übriges.

Selbst dem Kinderfräulein fiel auf, daß Ilses Blick bei den Mahlzeiten immer wieder zum Jungentisch hinüberging. Dort tat sich Wolfgang als der Lauteste und Übermütigste hervor. Ilse saß meist als letzte am Frühstückstisch und quälte sich mit dem Glas Milch ab, das jedes Kind austrinken mußte. Warum mußte man etwas zu sich nehmen, was man am liebsten ausgespuckt hätte? Warum die reine Milch, die Knoten in den Magen zu knüpfen schien? Kakao oder Kathreiner, das war schon etwas anderes.

Aber das Kinderfräulein kannte kein Pardon, und so hielt sich Ilse die Nase zu, um nichts zu riechen, nichts zu schmecken, und schluckte das verhaßte Getränk tapfer hinunter.

Käthchen amüsierte sich über sie, wie sie dasaß, ein Häuflein Unglück, mit den abstehenden blonden Rattenschwänzen und den kleinen Schleifchen, die sie zusammenhielten. Ilse hatte sich inzwischen wieder die Haare wachsen lassen. Sie waren noch kurz und widerspenstig und ließen sich nur schwer zu Zöpfen flechten. Wolfgang und der sommersprossige Horst gingen ganz dicht an Ilses Platz vorbei. Wolfgang sang fast flüsternd: »Warte, warte nur ein Weilchen . . .«

»Dann kommt Haarmann auch zu dir«, schmetterte Horst und grinste Ilschen frech an. »Mit dem kleinen Hackebeilchen macht er Schabefleisch aus dir.«

»Pfui«, rief das Kinderfräulein, das plötzlich in der Tür stand. »Hör sofort mit diesem gräßlichen Lied auf, Horst!«

»Na wat denn, wat denn«, berlinerte Horst, »singt doch janz Balin, wa?«

Aber Ilse beugte sich lächelnd über ihr Milchglas: Wolfgang hatte ihr einen kurzen Blick zugeworfen.

Am nächsten Tag war Ilse so in ihre Muschelarbeit vertieft, daß sie gar nicht bemerkte, daß alle Kinder schon den Strand verlassen hatten. Es war am frühen Abend. Die Sonne tauchte noch einmal hinter einer Wolkenwand auf und lief mit rosaroten Fingern über das Watt.

Ilse suchte Muscheln auf dem Wattboden, der sich so wunderbar weich um den nackten Fuß schmiegte. Man konnte die salzige Luft förmlich schmecken, wenn man mit der Zunge über die Lippen strich. Sie achtete nicht darauf, daß sich der Boden wie ein Schwamm vollsaugte und sich mit Wasser füllte, leise glucksend, so ganz harmlos. Langsam stieg die Flut, sie kam aus dem Boden quellend und mit kleinen, dann mit größeren Wellen die Füße umspielend. Ilse fand sich plötzlich rings von Wasser umgeben, kein Boden mehr, den man sehen konnte, die Wellchen leckten an den Knöcheln, an den Waden ihrer dünnen Kinderbeine.

Erschrocken watete sie durch das Wasser – die Flut umspielte schon ihre Knie –, sank stellenweise tief ein und atmete auf, als sie schließlich festeren Boden unter den Sohlen fühlte. Da war der Strand und noch ein paar Schritte durch den Sand: Das Meer lief vergeblich hinter Ilse her. Kein Mensch war weit und breit zu sehen.

Ein Schauder lief über ihre Schultern, durch die Angst, die bewältigt schien und doch noch lebendig war, verstärkt. Wenn ich jetzt ertrunken wäre – niemand hätte mich gerettet! Im Kinderheim waren schon die Tische gedeckt. Ilse nahm als letzte Platz. Sie war noch nicht vermißt worden.

»Was haste denn?« Käthchen sah sie mißtrauisch von der Seite an. »Biste grang?«

»Weißt du, wie das ist, wenn die Flut kommt?«

»Na, herr mol: Das säh'n wir doch jedn Dach!«

»Du hast keine Ahnung. Die Flut ist – böse!«

Käthchen sagte nichts mehr. Sie widmete sich ihrem Wurstbrot.

In dieser Nacht träumte Ilse, daß sie an einem einsamen Strand entlangwanderte. Susi, der Dackel, lief neben ihr und kläffte die Möwen an. An ihrer Seite erhob sich ein düsteres Kliff. Wind peitschte die Wellen, so daß sie wütend auf den Strand liefen, gegen das Kliff brandeten. Es wurde dunkel, und Ilse stand mitten im tosenden Meer und konnte weder vor noch zurück. Sie blickte hilfesuchend zum Himmel. Die Möwen schrien, es klang gellend und höhnisch. Aber eine Möwe schwebte herab, sie hatte große, weiße Schwingen – oder war sie überhaupt ein Engel? –, und sie hatte eine Stimme und sprach: »Zieht die Schaumschuhe an!«

Ilse blickte auf ihre Füße. Die Wellen teilten sich, und weißes Schaumgekräusel schob sich hoch. Auch vier schwarze Dackelpfoten tapsten mit weißen ›Schaumschuhen‹ durch die Brandung. Das Wasser wich zurück, und sie gingen am Kliff vorüber, und da war die Strandtreppe.

Ilse erwachte. Aber sie kam noch lange nicht los von diesem Traum.

Als sie am Frühstückstisch den andern Kindern davon erzählte – sie konnte es, ja sie mußte es tun! –, lachten alle: Schaumschuhe! Auch Wolfgang hatte es gehört und grinste zu Ilse hinüber: Toller Einfall!

Das machte sie stolz.

Am Vormittag kam ein starker Nordwest auf, der an den Fenstern rüttelte und am Strand die Schaumflocken auf dem Sandboden vor sich hertrieb. Die Kinder, die barfuß über den Strand liefen, fühlten ein Prickeln an den Füßen.

Das Meer war da und schenkte ihnen Schaumschuhe . . .

Sonntagabend: Die Oberin war über das Wochenende verreist. Nur das Kinderfräulein vom Dienst war im Hause. Sie hieß Erika, ein junges Ding, das noch nicht lange hier war.

Käthchen hatte sich am Fenster eine Art Ausguck gemacht. Als alle Kinder, Mädchen und Jungen, in ihren Schlafräumen waren, verkündete sie: »Die is wech zu ihrem Freund. Das derfse nich. Awer mer sin alleene.«

Keine Aufsicht war da, das war mal was Neues. Die Mädchen wanderten in ihren Nachtgewändern umher, alberten herum, und schließlich tobte eine Kissenschlacht von Bett zu Bett. Es waren zum Glück festgestopfte Kissen mit Eiderdaunen, durabel und auch diese Attakken überstehend.

Damit war die Stimmung erst recht angeheizt. Irgend etwas mußte man doch tun! Die Wogen schlugen über: Einige Mädchen kletterten die Treppe hinauf zum zweiten Stock. Da schliefen die Jungen.

»Sollen wir?« Die meisten zögerten, aber dann siegten doch die Waghalsigen, Käthchen vorneweg. Man schlich sich in ihrem Schatten hinauf, teils schüchtern, teils verwegen. Und plötzlich standen die Mädchen im Schlafsaal der Knaben, die schon längst alle viere von sich gestreckt hatten, aber durch das Erscheinen der weiblichen Nachtgespenster sofort mobilisiert wurden. Sie warfen die Decken zurück und hopsten in ihren langen Nachthemden durch den Saal, mehr einen komischen als einen aufreizenden Anblick bietend. Ein toller Spaß! Ein Junge fing an, die Mädchen mit Kissen zu bewerfen. Die Kinder lachten, kreischten, hüpften herum, Ilse mittendrin. Sie versuchte, Wolfgang zu treffen, aber wo war der überhaupt?

Das ganze Spektakel dauerte zwei Minuten. Da erstarrte alles zu einem lebenden Bild: Das Kinderfräulein vom Dienst stand in der Tür, blaß, atemlos. Nach kurzer Schreckpause klatschte sie in die Hände: »Schluß! Sofort runter und in die Betten! Das ist ja ungeheuerlich!«

Wie durch Zauberei verschwanden alle, Knaben und Mädchen, mucksmäuschenstill unter der Bettdecke.

»Wenn ihr brav seid, werde ich nichts verraten!« erklärte Erika. Kunststück! Sie hatte ja selbst ein schlechtes Gewissen.

Natürlich gab es ein Nachspiel. Erika lief mit verweintem Gesicht herum. Für die Kinder gab es eine gewaschene Gardinenpredigt und keinen Nachtisch. Das schmerzte nicht so sehr wie das Verbot gemeinsamer Strandspiele.

»Die Jungens sind ja auch zu alt«, hörte Ilse eines der Kinderfräulein zu ihrer Kollegin sagen, »vierzehnjährige Jungen und elf- bis zwölfjährige Mädchen – das muß ja Probleme geben!«

Was für Probleme! dachte Ilse. Aber ja, sie hatte ja welche. Käthe hatte gesagt: »Der Wolfgang hat *mir* das Kissen zugeworfen, nur mir.« Ilse gab es einen Stich. »Ist gar nicht wahr.«

»Doch ist es wahr.«

Ilse schluckte. Sie hatte ja recht. Wolfgang hatte ihr keinen Blick mehr gegönnt. Und hatte er sie nicht bei den Kameraden verleugnet, als sie ihn mit »Wolfi und Ilsebill« zu hänseln anfingen? Warum tat das so weh? Beim Burgenwettbewerb hatte Wolfgang den ersten Preis gewonnen. Ilse hatte ja eigentlich auch Anteil daran, aber es war ihr schon gleichgültig, daß es niemand erwähnte.

Nach der Liegekur – die Kinder durften eine Stunde lang kein Wort reden – wurde Ilse zur Oberin gerufen. »Haste was ausgefressen?« fragte Käthchen, halb besorgt, halb schadenfroh.

Natürlich hatte man immer irgendwie ein schlechtes Gewissen.

Die Oberin, eine sehr aufrechte, respektheischende Dame mit Stehkragen, begrüßte Ilse mit ernster Miene. Sie schien sogar etwas verlegen zu sein. In der Hand hielt sie einen Brief, Ilse erkannte sofort die Schrift: Vater hatte ihn geschrieben.

»Es ist so, Kind«, die Oberin verschluckte sich fast an ihren eigenen Worten, »dein Vater wünscht, daß du nach Hause zurückkehrst. Leider früher, als geplant. Mein Schwager, der Apotheker, wird dich übermorgen nach Hamburg mitnehmen, er hat dort zu tun. Und von Hamburg wird dann dein Vater dich abholen.«

»Aber warum?« Ilse begriff gar nichts. Hing es etwa mit der nächtlichen Kissenschlacht zusammen? Aber dann hätte fast das ganze Heim geräumt werden müssen.

Die Oberin quälte sich ein Lächeln ab, weil sie Ilses Gedanken erriet. »Ich glaube, der Entschluß deiner Eltern liegt in persönlichen Schwierigkeiten. Dein Vater kann den Aufenthalt nicht länger bezahlen.«

Ilses Rücken wurde steif: »Das glaub' ich nicht!« Vater und nicht zahlen können? Das war eine bodenlose Unterstellung. Einfach eine Frechheit. Die Böhmes mit Haus und Firma und Auto – nein, niemals!

Wie sagte Mutter doch immer? Man gehörte zur Gesellschaft! Vater, der beste, der tüchtigste, der fleißigste von allen Vätern! Er sollte nicht mal seiner Tochter ... Nein, das konnte nicht wahr sein.

Die Oberin blickte Ilse ruhig an, fast war so etwas wie Mitleid in ihren wasserhellen Augen. Das brachte Ilse aus der Fassung. Das Nichtbegreifen war qualvoll: Wut, Scham und Hilflosigkeit wechselten einander ab und verschmolzen zuletzt.

Sie rannte aus dem Haus, lief an den Strand, kauerte sich in den Sand. Und flüsterte: »Ich seh' dich nie wieder, Meer von Föhr, und dich, Käthchen, und dich, Wolfgang.

Aber ich werde nichts vergessen, niemals, nie ...«

Das beruhigte sie. Und sie kehrte ins Heim zurück.

Eigentlich war es doch ganz schön, wieder nach Hause zu kommen.

Käthchen nahm die Mitteilung, daß Ilse schon morgen abfuhr, reichlich gelassen auf. Und so ging der Abschied schmerzlos vonstatten. Wolfgang sah sie nicht.

Auf dem Schiff wartete bereits der Apotheker, ein etwas mürrischer Mann, der sie nicht aus den Augen ließ. Ilse setzte sich in eine Ecke und blieb teilnahmslos und schweigsam.

Auf dem Hamburger Hauptbahnhof stand Vater. Er kam ihr sonderbar klein vor und sehr blaß. Ilse lief auf ihn zu: »Vati! Vati!« Er brachte ein müdes, mühsames Lächeln zustande: »Da bist du ja, Kind.« Bedankte sich fast mechanisch bei dem Apotheker. Kurzer Wortwechsel, Hüteziehen. Ilse hakte sich bei Vater ein: »Und wo steht unser Auto?«

»Wir haben kein Auto mehr. Wir fahren mit dem Zug.«

»Kein Auto? Warum?« Ilse schlug sich auf den Mund. Sie dachte an die Worte der Oberin. Schweigend gingen sie nebeneinander her. Schließlich fragte Vater: »Du bist so still, ist dir der Abschied von deinen Freundinnen im Kinderheim so schwergefallen?«

Ilse schüttelte den Kopf. »Das waren ja nur Ferienbekanntschaften.« Es klang sehr altklug.

Sollte sie vielleicht von Wolfgang erzählen? Darüber konnte sie mit niemandem sprechen. Schon gar nicht mit den Eltern. Und mit Ulla? Die würde sie nur auslachen. Mit Tante Hedy? Vielleicht! Es wäre so schön gewesen, einen Freund zu haben. Einen Bruder hatte sie eigentlich nie vermißt. Sie dachte an Mutter und an ihren Bruder Heinrich.

Die Fahrt nach Zeitz verlief sehr schweigsam. Vater lehnte sich in seine Ecke, schlug den Mantel über das Gesicht. »Ich bin müde!« sagte er.

Ilse kaute lustlos an dem Brot, das sie aus dem Kinderheim mitbekommen hatte. Was war nur mit Vater los? Er war so ganz anders. Verändert. Fast fremd.

Was hatte die Oberin gesagt?

Wie eine Springflut stürzten die Worte über ihr zusammen: Persönliche Schwierigkeiten – kann den Aufenthalt nicht mehr bezahlen – Abreise früher, als geplant . . .

Irgend etwas war geschehen, was Vater so verändert hatte. Aber wie sollte sie es begreifen, wenn er ihr nichts sagte?

Einmal – irgendwo auf der langen Reise – schlug Vater den Mantelkragen zurück, sah Ilse an und strich ihr über das Haar. »Du wirst vieles verändert finden, Kind«, sagte er.

Ilse lächelte, als sie in seine Augen sah. Und es fiel ihr sogar leicht.

»Macht nichts, Vati, zu Hause ist doch zu Hause.«

Der Konkurs
Sommer 1925

Zwischen Auskommen und Einkommen ist es schwer
das gehörige Verhältnis herzustellen,
denn das Geld kommt mit schwerfälligen
Podagrafüß herein und fliegt auf leichten
Zephirflügeln hinaus.
Nestroy

Nicht nur Vater war verändert, fand Ilse, als sie wieder zu Hause war. Es herrschte eine eigenartig bedrückte Stimmung, die hin und wieder zu heftigen Worten aufflackerte. Die Begrüßung von Mutters Seite war kurz. Sie hatte fiebrige Wangen und wirkte hektisch und nervös.

Ilse flüchtete zu Marie in die Küche. Aber auch sie hatte sich verändert. Sie rührte mürrisch in den Kochtöpfen herum und ließ den Kohl ansengen. Dabei führte sie dauernd Selbstgespräche, schüttelte ab und zu den Kopf und brummte Unverständliches. Von Ilse nahm sie kaum Notiz. Sagte nur: »Da biste ja« – mehr nicht.

Ilse ging trotzig in ihr Zimmer. So hatte sie sich ihre Heimkehr nicht vorgestellt. Ein Trost, daß Susi, der Dackel, hinter ihr in das Zimmer schliefte. Er schien auch bedrückt und warb um Aufmunterung.

Ilse streichelte ihn zärtlich und legte den Kopf an sein warmes Fell. »Wenigstens einer, der mich lieb hat!«

Vater ließ sich überhaupt nicht mehr blicken. Aus dem Büro kam mitunter lautes Wortgewechsel – oder waren es Telefongespräche? Er erschien auch nicht zu den Mahlzeiten, die Mutter zusammen mit Ilse hastig herunterschlang. Das so lieblos Gekochte schmeckte nicht.

Anscheinend wollte Vater verreisen. Mutter packte seine Koffer. Und dann war er fort. Warum hatte er sich nicht verabschiedet?

In einem Schuh, den Ilse auspackte, fand sie ein wenig Seesand. Auf einmal bekam sie Sehnsucht nach Föhr. Und glitt auf den Schaumschuhen der Erinnerung in den Schlaf.

Ahnungslos ging Ilse an einem schönen Sommermorgen zur Schule. Schon vor der ersten Stunde bemerkte sie, daß irgend etwas anders war. Als Ilse eine Klassenkameradin ansprach und eine ganz harmlose Frage stellte, wandte sich diese wortlos ab. In der Pause bildeten sich kleine Gruppen, in denen getuschelt wurde. Ab und zu blickten einige Mädchen zu Ilse und Ulla hinüber. Sie standen allein, wie auf einer Insel.

»Was ist denn bloß los?« fragte Ilse erstaunt.

»Das is ... hat dir das keiner gesacht?«

»Was denn, nu red schon!«

»Weil dein Vater gestern Konkurs gemacht hat, es stand in der Zeitung.« Ulla atmete auf. Nun war es heraus. Und tröstend fügte sie hinzu: »Awer derfier kannste nischt!«

»Un mein Vati auch nich!« Ilse verteidigte sofort ihren Vater. Ulla zuckte mit den Schultern.

Als sie den Klassenraum betraten, verstummten die Gespräche. Ilse ging mit erhobenem Kopf zu ihrem Platz. Das Schweigen und die stumme Feindseligkeit schloß sich wie eine Mauer um sie. Man hörte nur das Rascheln der Schulhefte und das Knarren der Holzbänke.

In diese gespannte Stille hinein erhob sich die Stimme von Waltraud, die vor Ilse saß. Sie traf Ilse schneidend wie ein Messer. »Dein Vater hat sich das Leben genommen!«

Dein-Vater-hat-sich-das-Leben-genommen!

Da war ein roter Kreis vor den Augen, der immer größer wurde. Eine Stimme sprach immer die gleichen Worte, sie dröhnten in Ilses Ohren, sie erstickten fast den Atem.

Sie stand auf, ging langsam, mit steifen Knien, wie eine Marionette, Schritt für Schritt auf das Katheder zu, das die Mitte der Querwand einnahm. Und dann schlug Ilse ihre Stirn wie einen Hammer auf das Pult. Als sie den Kopf hob, öffnete sich die Tür, und Fräulein Brinkmann betrat den Raum.

Niemand sprach. Die Augen der Mädchen gingen zwischen Ilse und der Lehrerin hin und her.

»Was ist hier los?« Jetzt sah Fräulein Brinkmann, als sie zum Pult ging, Ilse. Sie hatte sich fest an das Pult geklammert, ihre Stirn blutete aus einer breiten Wunde.

Die Lehrerin fragte nicht. Sie ahnte, was vorgefallen war. Behutsam nahm sie Ilse in die Arme und führte sie aus dem Klassenzimmer. Vor der Tür winkte sie Ulla herbei.

»Du gehst jetzt nach Hause, Ilse, und deine Freundin begleitet dich.« Es war gut, daß Ulla da war. Sie hakte Ilse unter. Auf dem Schulhof sagte sie: »Hier haste 'n Daschenduch, un das dricksde uff de Stirn.« Ilse tat es, fast mechanisch, und zog die blaue Schülermütze mit der Silberborte so tief ins Gesicht, daß sie fast die Augen bedeckte. Vor dem Elternhaus hielt sie inne. »Nu komm schon«, ermunterte Ulla die Freundin. Mutter öffnete die Tür. »Wieso kommst du schon nach Hause? Ist was passiert?«

Ilse warf sich in die Arme der Mutter, klammerte sich an ihren

Schultern fest, preßte das Gesicht an ihre Brust.: »Die ha'm gesagt, Vati hat sich das Leben genomm'n.«

Mutter wurde blaß, schob dann langsam das weinende Kind zurück und sah es mit ernstem Blick an: »Nein, Ilse, das tut unser Vater nicht!«

»Aber wo ist Vati denn?«

»Komm, setz dich. Ich will dir alles erklären. Ulla, du mußt sicher in die Schule zurück. Ich danke dir, daß du Ilse begleitet hast.«

Ulla wagte keine Widerrede, so bestimmt hatte Mutter gesprochen. Dabei hätte sie zu gerne erfahren, was eigentlich los war.

»So«, sagte Mutter, als sich die Tür hinter Ulla geschlossen hatte, »jetzt sollst du es wissen: Dein Vater ist in Dänemark!«

»In Dänemark? Dä-ne-mark! Ja, warum denn?«

»Weil er dort vor dem Krieg als junger Architekt tätig war, in Sonderburg, auf der Insel Alsen. Damals war dieser Teil Dänemarks noch deutsch. Er hat dort eine Stelle in einem großen Baugeschäft bekommen. Und das ist ein unerwartetes Glück, Ilse.«

»Warum Glück? Wenn Vati weg is. Wann kommt er wieder?«

»Er kommt nicht wieder. Sondern wir ziehen in einigen Wochen dorthin. Ich hätte dir alles sagen sollen, ehe du von anderen falsche Dinge erfahren mußtest.«

»Und der Konkurs? Ist das auch nicht wahr?« Fast flehend blickte Ilse die Mutter an. Die schüttelte den Kopf. »Das stimmt leider.«

»Und unser Haus? Ich zieh' nie von hier fort, nie!« schrie Ilse.

»Es ist nicht mehr unser Haus. Es ist gestern versteigert worden, und wir müssen ausziehen.«

Ilse verstand die Welt nicht mehr. Nein, nein! Dies Haus war Zeitz, war Kindheit, war Heimat.

Sie riß sich los, lief in das Büro. Es war leer.

»Wo ist Herr Stadler und Frollein Ebelt?«

»Sie sind schon fort, Ilse. Wir haben kein Baugeschäft mehr.«

»Und die haben nich mal auf Wiedersehn gesagt!«

»Sie wollten es dir nicht schwermachen. Fräulein Ebelt hat zum Glück schon eine neue Stellung bekommen.«

Immer Glück, Glück! Als ob *das* Glück wäre!

Ilse riß sich die Mütze vom Kopf und schleuderte sie in eine Ecke. Das Taschentuch fiel zu Boden. Mutter sah erschrocken auf Ilses Stirn, die wieder zu bluten begann.

»Was hast du denn da gemacht?«

»Wees nich, als die das sagte, die Waltraud, da war mein Kobb so leer, ich wußde nix mehr, ob ich auf der Erde war oder woanders, und da ging ich los, un da is es ähmd bassiert . . .«

Mutter war betroffen, was ihr selten geschah.

»Du legst dich jetzt ein bißchen hin, und Marie macht dir einen kalten Umschlag. Schau mal, die Hauptsache ist doch, daß Vati lebt.«

»Ja, Mutti!« Ilse klammerte sich noch einmal an die Mutter, dann ging sie in ihr Zimmer.

Am nächsten Tag war Mutter vor Gericht geladen.

»Was macht sie denn da?« fragte Ilse.

»Wees nich!« Marie hatte rote Augen. »Ich gloobe, se woll'n euch ooch de Möwel wechnähm' un ooch de Ausschdeuerwäsche aus Aylsdorf. Un da muß deine Mudder sich verteidchen. Deine Oma Selma war ooch geladen. Das is 'ne richtche Drageedche, is das! Un dei Vader dud mer leid. Awer ich kann euch ooch nich helfen – morchen geh' ich!«

Marie auch? Ilse ging mit hängenden Schultern in ihr Zimmer. Als Mutter nach Hause kam – mit rotem Gesicht, fahrig und nervös –, saß Ilse lustlos vor einem leeren Heft, kaute an ihrem Federhalter und wußte nicht, was sie tun sollte. Am Nachmittag kamen Tante Hedy und Heinrich aus Aylsdorf. Sie saßen mit Onkel Fred und Tante Hildchen im Wohnzimmer. Die Stimmung war bedrückt, obgleich es nach Kaffee und Kuchen duftete, als sei nichts geschehen.

»Wie eine Kriminelle haben sie mich vor Gericht behandelt«, rief Mutter und wiederholte: »Wie eine Kriminelle. Aber ich konnte alles beweisen, habe alle Rechnungen von den Möbeln vorgelegt, alle auf meinen Namen.«

»Gott sei Dank, daß ihr wenigstens die retten könnt«, sagte Tante Hedy. Sie bewunderte im geheimen ihre Schwägerin. Eigenwillige Charaktere waren sie ja, die Aylsdorfer. Aber hart im Nehmen. Sie hatte von Mutter gehört, wie Ilse sich in der Schule aufgeführt hatte. Da schlug auch bei ihr das Burggrafsche durch! Die hatten nun einmal etwas Heftiges, Rebellisches. Lautstarke Szenen hatte es ja auch in dieser Ehe gegeben. Aber tapfer war sie, die Liesbeth! Man hatte noch keine Träne bei ihr gesehen. Sie nimmt ihr Schicksal an! Das mußte Hedy nicht ohne Bewunderung der Schwägerin zugestehen. Onkel Fred kaute an seinem Schnurrbart, er hatte nichts mehr von seiner heiteren Liebenswürdigkeit, war nicht mehr der ›charmante Fred‹, der Bruder Leichtfuß. Die Tatsache, daß er mit seiner jungen Frau und den Kindern samt seiner ›Zigarrenfabrikation‹ das Haus des Bruders verlassen mußte, war für ihn eine Katastrophe, an die er nicht im entferntesten gedacht hatte. Jetzt mußte er um seine Existenz bangen. Bisher war alles in seinem Leben so glatt gegangen – bis auf die unliebsamen Überraschungen, die ihm sein Hildchen zu servieren pflegte –, daß alles von selber lief, ohne daß der schöne Fred sich anzustrengen brauchte. Und nun mußte er irgendwie handeln. Das lag ihm so gar nicht.

Tante Hildchen, unfähig zum Trauern oder gar zum Nachdenken, ließ ihr hübsches Köpfchen von einem zum andern wandern: »Es wird sich schon alles finden, a la bonnör«, lächelte sie mit der gewohnten Koketterie.

»Nichts findet sich von selber«, widersprach ihr Fred gereizt, »in zwei Wochen müssen wir hier raus und haben noch keine Bleibe.«

Hildchen blickte ratlos vor sich hin. Sie wollte es nicht wahrhaben, oder sie schob die Tatsache einfach weg, daß die sorgloseste Zeit ihres Lebens vorbei war. Aber eine erste Ahnung schien nun doch in ihr zu erwachen. Sie zuckte mit den Achseln und schwieg beleidigt.

Mutter sagte in das entstandene Schweigen hinein: »Nur gut, daß mein Mann in Dänemark eine Stellung gefunden hat. Dort auf Alsen halten die Deutschen sehr zusammen.« Sie ahnte noch nicht, daß auch das Glück in Dänemark nicht lange dauern würde. »Man hat Arthur gleich geholfen, erinnerte sich noch an ihn als jungen Mann von 1914. Hier in der Heimat haben wir ja was anderes erlebt. Niemand hat uns geholfen, niemand!«

Hedy hob beschwichtigend die Hand: »Die Katastrophe kam eben zu plötzlich, Liesbeth.«

»Soviel ich weiß, hat Arthur um einen Kredit von 10000 Reichsmark gebeten. Rundum bei allen Verwandten und Freunden. Ist das richtig?« fragte Heinrich.

Mutter nickte.

»Das ist viel Geld – wer hat heute schon Kapital, knapp zwei Jahre nach der Inflation und der Einführung der Rentenmark. Wir sind doch alle verarmt.«

»Das ist sicher auch die Ursache eurer Pleite, der Kapitalmangel, nicht wahr? Aber wie ist das bloß alles so schnell gekommen?« fragte Hedy.

»Ich weiß es auch nicht.« Mutter hob die Schultern. »Es hängt wohl zum Teil mit dem Umbau der Drogerie zusammen, da gab es plötzlich Schwierigkeiten. Aber ich verstehe zu wenig davon. Und Arthur hat ja auch kaum darüber gesprochen.«

»Mit *dir* hätte er doch wirklich alles bereden können«, sagte Fred mit einem verkniffenen Lächeln und einem schnellen Seitenblick auf Hildchen. »Ich denke, die Drogerie hatte wegen des Umbaus erheblichen Verdienstausfall. Und daher konnte sie wohl nicht die fälligen Abschlagszahlungen leisten. Dies bewirkte wiederum, daß Arthur beim Baustoffhändler hängenblieb. Kein Bauunternehmer kann einen Bau durchfinanzieren, er ist angewiesen auf die Abschlagszahlungen des Bauherrn. Besonders in dieser Zeit der Kapitalarmut.«

»Mein Mann hat das billigste Angebot abgeliefert«, erinnerte sich Mutter, »aus Ehrgeiz – typisch Arthur! Für 28 000 Rentenmark das große Eckhaus zu bauen, das war unmöglich. Nein, ein Kaufmann, ein Geschäftsmann ist Arthur nicht. Hab' ich ihm schon immer gesagt.«

»Die gegenwärtige Stabilisierungskrise wird noch manchen Konkurs verursachen. Ihr werdet nicht die einzigen bleiben!« prophezeite Heinrich.

»Das ist wenig tröstlich«, sagte Mutter.

»Was ist das eigentlich, ein Konkurs?« fragte Hildchen mit entwaffnender Naivität.

»Ja«, Fred und Heinrich blickten sich nachsichtig lächelnd an. »Konkurs«, nahm Fred das Wort, »macht eine Firma bei Zahlungsunfähigkeit oder Insolvenz. Es kann schon zum Konkurs kommen, wenn auch nur eine augenblickliche Unfähigkeit zur Bezahlung der Schulden vorliegt.«

»Was hier der Fall ist, liebe Tante«, warf Heinrich ein. Er konnte sich schon wieder amüsieren, denn Hildchens hochgezogene Brauenstriche ließen erkennen, daß ihr die Anrede ›Tante‹ aus dem Mund des jungen Studenten gar nicht behagte.

»Es genügt, daß *ein* Gläubiger die Konkurseröffnung beantragt«, fuhr Fred fort. »Es wird dann vom Amtsgericht eine allgemeine Beschlagnahme des gesamten Vermögens verfügt. Nicht zur Konkursmasse gehören Gegenstände der Ehefrau, Aussteuerwäsche, Möbel und Hausrat, wenn sie beweisen kann, daß diese ihr persönliches Eigentum sind.«

»Hab' ich bewiesen!« sagte Mutter und nickte energisch.

Hildchen fing auf einmal an zu jammern. »Daß sie euch auch alles wegnehmen wollen, das ist ja entsetzlich!«

»Alles futsch und perdu«, grinste Heinrich.

»Alles futsch? Auch die Pferde?« fragte Ilse, die niemand beachtet hatte.

»Ja, auch die Pferde, die gehören zum Baugeschäft.«

»Awer Färde sin doch kein – kein Vermögen? Die sin doch lebendiche Tiere!«

»Wir müssen uns damit abfinden, Kind«, sagte Mutter mit Härte in der Stimme. »Und in Dänemark soll es ja auch Pferde geben.«

»Awer keinen Hans un keine Liese«, heulte Ilse.

»Warum müßt ihr denn überhaupt aus Zeitz wegziehen? Warum sucht Arthur sich nicht hier eine Stellung?« fragte Hilde.

»Na, das geht ihm doch gegen die Ehre!« Heinrich schob die Daumen unter die Hosenträger. »Er würde auch keine finden, denn in der Zeitzer Gesellschaft, zu der Arthur ja schließlich als Bauunternehmer gehört, ist ein Konkurs ein bürgerlicher Mord!«

»Wie kannst du das so hart sagen!« empörte sich Hedy.

»Oh, mein jüngster Bruder hat sich noch nie gescheut, mir Unfreundlichkeiten ins Gesicht zu schleudern«, meinte Mutter leicht verbittert und blickte ihren Bruder böse an.

»Als ich heude Breedchen holte, beim Bäcker Klebe, sagte de Bäkkersfrau: Erschd e neies Audo un nu seidr pleide! So is es, wemmer iewermiedsch wird! – Warum sin alle jetz so gemein?« klagte Ilse weinerlich.

»Erst Neid, dann Schadenfreude!« stellte Fred trocken fest. »Das sind sehr menschliche Eigenschaften!«

Heinrich meinte nachdenklich: »Dein Mann, Liesbeth, hätte sich mehr absichern müssen. Er sollte sich vielleicht als Architekt versuchen. Talent und Ideen hat er und sicher auch den Ehrgeiz, sich selbst und seinen Freunden und Feinden zu beweisen, daß er wieder hochkommt und es zu etwas bringt. Das sind doch gute Voraussetzungen für eine neue Zukunft. Prost!«

»Wir werden's schon schaffen. Wir lassen uns nicht unterkriegen.« In Mutters Augen blitzten Mut und Trotz auf.

»Ihr seid ja noch jung und gesund und haltet zusammen, ihr drei!« versuchte Hedy ihrer Schwägerin Mut zu machen. »Wemmer ooch nischt hamm nischt hamm, simmer doch beisamm beisamm! Denkt an den Zeitzer Spruch.«

Ilse war zu Marie geflüchtet, die im Flur ihre gepackten Sachen zusammentrug und an der Tür gelauscht hatte.

»Hab' ich's nich gleich gesacht? Irchendwas gefälld mer nich. Siehste, hab' ich gesacht, als mir einzochen. ›Das Haus schbugd alle Bewohner widdr aus‹, sachden de Leide. Der Koofmann vor eich hat sich doch umgebrachd. Un nu red' der Heinrich ooch noch von Mord! Es ist ähm doch e Unglickshaus!«

Abschied
Sommer 1925

Sogar schwärzeste Wolken haben einen hellen Streifen.

In den nächsten Tagen war Mutter mit Packen beschäftigt. Im Büro war es unheimlich still, auch das Telefon schwieg. Von den früheren Freunden und Bekannten ließ sich niemand sehen.

Auch Tante Hedy hatte sich lange nicht blicken lassen. Und gerade jetzt hätte Ilse doch ein wenig Trost nötig gehabt. Sie war enttäuscht.

»Biste ihr beese?« fragte Marie.

Ilse zuckte mit den Schultern. Sie wußte nicht, womit sie ihre Lieblingstante verletzt haben könnte.

»Ich wees, warum se nich gekomm' is, se hat 'n neien Freind, un ich globe, se wird 'n heiraden!«

Heiraten? Wen denn? Etwa Stadler?

»Nee, die will keen'n Wiener nich, die hat von een'n genuch. Nu hat se een mit 'ner Glatze!«

»Ach! Amend den, der sie neulich nach Hause gebracht hat?«

»Gonnsekwänd!«

Ilse verzog das Gesicht. Nein, so ein nichtssagender Mann, den sie überhaupt nicht beachtet hatte – das war doch nicht der Richtige für ihre Tante Hedy, die ihr immer als Ideal erschien!

»Na, was willst'n? Märchen gibt's nich in richtchen Lähm. Die gibt's bloß in Biechern. Der is kee Brinz nich, awer bucklich is der ooch nich, un manche wär froh, wennse so 'n orntlichen Mann krichde! Un iewerhaubd – de schennst'n Mächen gomm' zeletzt under de Hauwe!«

»Warum?«

»Nu, weilse ze ville Rosin'n in'm Kobb ham!«

In Maries Stimme schwang ein Seufzer mit: »Nu hat das Gedue mit 'n Heinrich un ooch mit 'n Stadler un wer wees noch wen gonnsekwänd sei Ende!«

Ilse konnte das nicht mehr länger anhören. Sie floh in ihr Zimmer. Nun wurde ihr auch noch ihre geliebte Hedy genommen. Warum wurde ihr das angetan?

Ihr fielen alle ihre Sünden ein. Wollte Gott sie strafen? Wofür? Weil sie aus der Tasse ohne Henkel im Küchenschrank, die voller Pfennige war, hin und wieder ein paar Groschen genommen hatte? Um für sich und Ulla bei der Eckbude an der Wendischen Straße eine Tüte Eis zu kaufen?

Oder weil Vater sich über ihre schlechten Leistungen in Erdkunde ärgern mußte? Oder weil sie Mutter nicht richtig liebte? Das war wohl am schlimmsten.

Aber was war überhaupt Liebe?

Ilse fühlte sich überrollt von den Ereignissen, die sie nicht begriff...

Onkel Fred war mit seiner Familie ausgezogen, die Wohnung im Parterre war leer.

Das Mädchen Anni, das noch einige Sachen abholte, erzählte bereitwillig – im Bewußtsein ihrer Wichtigkeit als Zeugin –, daß Hildchen Mann und Kinder verlassen hatte.

Das konnte doch nicht sein?

Wo war denn Hildchen, wo?

»In Berlin! Bei der Ufa!«

Ufa? Da, wo Asta Nielsen und Henny Porten waren? Die Kinolieblinge? Und was machte sie da?

Anni zuckte die Achseln. »Se hat Tante Iffland geschriem, sie is mittem Monogelfritzen mit. Der hat Beziehungen zum Film, sacht er. Filmschauschbielerin will se wer'n. Da staunste, wa?«

Ach, Tante Hildchen! Was war sie doch für eine tolle Frau! Mit ihrem süßen Puppengesicht, mit den Kulleraugen, mit dem kirschrot geschminkten Mund und den fein gemalten Augenbrauen. Ilse sah sie in einem Traumgewand durch irgendwelche Salons schreiten – die es in Zeitz nie gab! Und einen Kavalier anlächeln, dem nicht einmal Onkel Fred oder der Monokelfritze das Wasser reichen konnte: »Allabonnör!«

»Wird Tante Hildchen jetzt berühmt?« fragte Ilse.

»Berüchtigt allenfalls«, mokierte sich Heinrich, der diesmal mit seiner Schwester konform ging, die sich eiskalt geäußert hatte: »Jetzt nennt sie sich wohl Hilde Hulda oder so – Boehme ist zum Glück kein Name für eine ... solche ...«

Heinrich war mit dem Fahrrad gekommen, um Ilse nach Aylsdorf abzuholen. Oma Selma freute sich, ihre Enkelin noch einmal zu sehen. Aber Ilse ließ den Kopf hängen. Tante Pauline erschien in der Tür, tastete nach Ilses Hand und sagte: »Ich hab' dir's gesagt, es geht ans große Wasser.« Sie nickte mit dem Kopf und hob den Zeigefinger.

»Laß die Kleine!« wehrte Oma Selma unwillig ab.

August war wie gewohnt bei den Pferden. Hier fühlte sich Ilse heimisch: Dieser herrliche Geruch von Pferdeleibern und der wohligen Wärme, die von ihnen ausging. Das war irgendwie Geborgenheit!

August gab Ilse ein hölzernes Pferdchen – soweit es als solches erkennbar war. Er hatte es selber geschnitzt und bekam einen roten Kopf, als er es Ilse reichte. »For dich!«

Ilse begann zu weinen. Mußte sie nun auch von Aylsdorf Abschied nehmen, von Oma Selma, von Heinrich und Pauline, von all den Lebewesen, die hier herumwuselten? August brachte ihr, um sie aufzuheitern, zwei junge Kätzchen. Aber Ilse streichelte sie nur und ging dann zu Großmutter zurück in die Küche.

Sie zeigte das Pferdchen. Woher konnte August so schön schnitzen? »Er stammt aus einem Gebirgsdorf, aus Heubach«, erklärte Oma Selma, während Ilse eine ›Sirupbemme‹ verzehrte, »da hat der August schon als Kind mit seinen Eltern Puppenköpfe und Pfeifen geschnitzt, natürlich in Heimarbeit und für einen Hungerlohn. Jetzt macht es ihm Spaß, und er schnitzt am liebsten Pferde.«

»Großmutter!« Ilse hatte eine Idee. »Könnt ihr nicht unsre Pferde übernehmen?«

»Ach, Kind, wir haben doch schon Pferde genug.«

Kann man überhaupt Pferde genug haben? Dieser Satz ging Ilse immerfort im Kopf herum, als sie wieder zu Hause war. Das Wohnzimmer wirkte ungemütlich.

Der Gläserschrank und die Bücherborde waren leer, an den Wänden hingen keine Bilder mehr, blasse Flecken auf den Tapeten. Es war, als ob etwas Liebgewohntes fortgegangen war. Überall standen Kisten. »Was ist drin, Mutti?«

»Das Porzellan und die Römer.«

»Und das geht alles nach Dänemark?«

»Ja, alles ...« erklärte Mutter knapp.

Ilse sah die Mutter entsetzt an. Erst jetzt wurde ihr bewußt, daß es hier einen Abschied für immer gab.

»Laß das Kind«, sagte Hedy, die Mutter half und ihre Ungeduld spürte, »sie kann es einfach nicht begreifen. Gib ihr Zeit, gib ihr auch Kraft ... Dies war für Ilse Heimat, verstehst du das nicht?«

Mutter zuckte die Achseln und packte weiter.

Ilse lief die Treppe hinunter in den Hof, zum Pferdestall. Die beiden Braunen standen ruhig in ihren Boxen. Wolfner lief im Hof auf und ab, er sah Ilse nicht und murmelte vor sich hin:

»Wenn se meine Färde abholn, will ich ooch nich mehr – wenn se meine Färde holn, das überleb' ich nich ...«

»O Gott«, dachte Ilse, »der is' verrückt geworden.«

Sie lief in den Garten, in die Laube, und legte den Kopf auf die verschränkten Arme.

So fand sie Ulla.

»Hier biste, ich hab' dich immer gesucht.«

Ilse hob den Kopf. Die Tränen hatten alles verwischt.

»Was is denn nu?« fragte Ulla.

»De Ferde, de Ferde . . .«

»Na, nu mal gonnsekwänd, wie eure Marie immer sagt. Wenn die Pferde zusammenbleiben und wenn sie gut gefüttert werden, dann werden die nicht leiden. Denen geht es wie dir: Du mußt lernen, dich auf etwas Neues einzustellen!« O mein Gott – noch nie hatte Ulla solch ein gutes Deutsch gesprochen!

»Ich will awer nich fort . . .«

»Was heißt: Ich will nich. Meinste ich . . .?« Und Ulla begann zu weinen. Sie legte den Kopf auf die Arme: »Du warst meine einzige und beste Freundin!«

Zum erstenmal begriff Ilse, daß nicht nur sie unter diesen Umständen litt. Sie tastete nach Ullas Arm. Die hob den Kopf: »Jetz mussde Dänisch lern'n. Kee Sächsisch verstehn die nich da ob'n. Weesde!« Ulla hatte schon wieder praktische Ideen: »Nächstes Jahr besuchen wir euch auf eurer Insel. Wir fahr'n doch sowieso an die Ostsee – na? Nu lach mal!«

Sie faßte die Freundin an der Schulter, und sie gingen in den Hof.

Zwei fremde Männer führten Hans und Liese am Zügel fort. Die Tiere gingen brav mit, bewegten nur ein wenig die Ohren.

Wolfner stand beiseite, die Hände in den Hosentaschen sah er seinen Pferden nach, wie sie langsam aus dem Hoftor schritten. Als sie nicht mehr zu sehen und das Klappern ihrer Hufe verklungen war, verließ er, ohne nach links und rechts zu blicken, das Grundstück mit schwerem Schritt. Ilse sah ihn niemals wieder.

Bitte beachten Sie
die folgenden Seiten:

Wolfgang Paul

Dresden

Gegenwart und
Erinnerung

Ullstein Buch 22066

ein Ullstein Buch

»Wolfgang Pauls Dresden-Buch enthält eine Fülle von wissenswerter, lebendig erzählter Geschichte und ist zugleich eine Liebeserklärung an das ›Elbflorenz‹ von einst und seine tapfere Bevölkerung.«

Berliner Morgenpost

Esther Gräfin von Schwerin

Kormorane, Brombeerranken

Erinnerungen an Ostpreußen

Ullstein Buch 22107

ein Ullstein Buch

»Weitgespannt über das ganze Jahrhundert ist der Bogen dieses Lebens. Die Kindheit der Autorin fällt in die Zeit vor 1914. Schwere Zeiten folgen nach dem Krieg; ein wenig Glanz im Berlin der 20er Jahre und dann als Gutsherrin in Ostpreußen … Schließlich Hitler und der Zweite Weltkrieg. Zerstörung Königsbergs, das Herannahen der Russen, eine abenteuerliche Flucht und der Abschied von der Heimat. Es ist das Buch einer mutigen Frau.«

Marion Gräfin Dönhoff